FACULTÉ DE DROIT DE PARIS

DES DONATIONS A CAUSE DE NOCES
EN DROIT ROMAIN

DES DONATIONS DE BIENS A VENIR
EN DROIT FRANÇAIS

THÈSE POUR LE DOCTORAT

PAR

Auguste de la LANDE

LAURÉAT DES CONCOURS DE LICENCE
(Poitiers, 1876)
(PREMIER PRIX DE DROIT ROMAIN. — DEUXIÈME PRIX DE DROIT FRANÇAIS)

PARIS

LIBRAIRIE NOUVELLE DE DROIT ET DE JURISPRUDENCE

Arthur ROUSSEAU, Éditeur

14, RUE SOUFFLOT ET RUE TOULLIER, 13

1881

THÈSE

POUR LE DOCTORAT

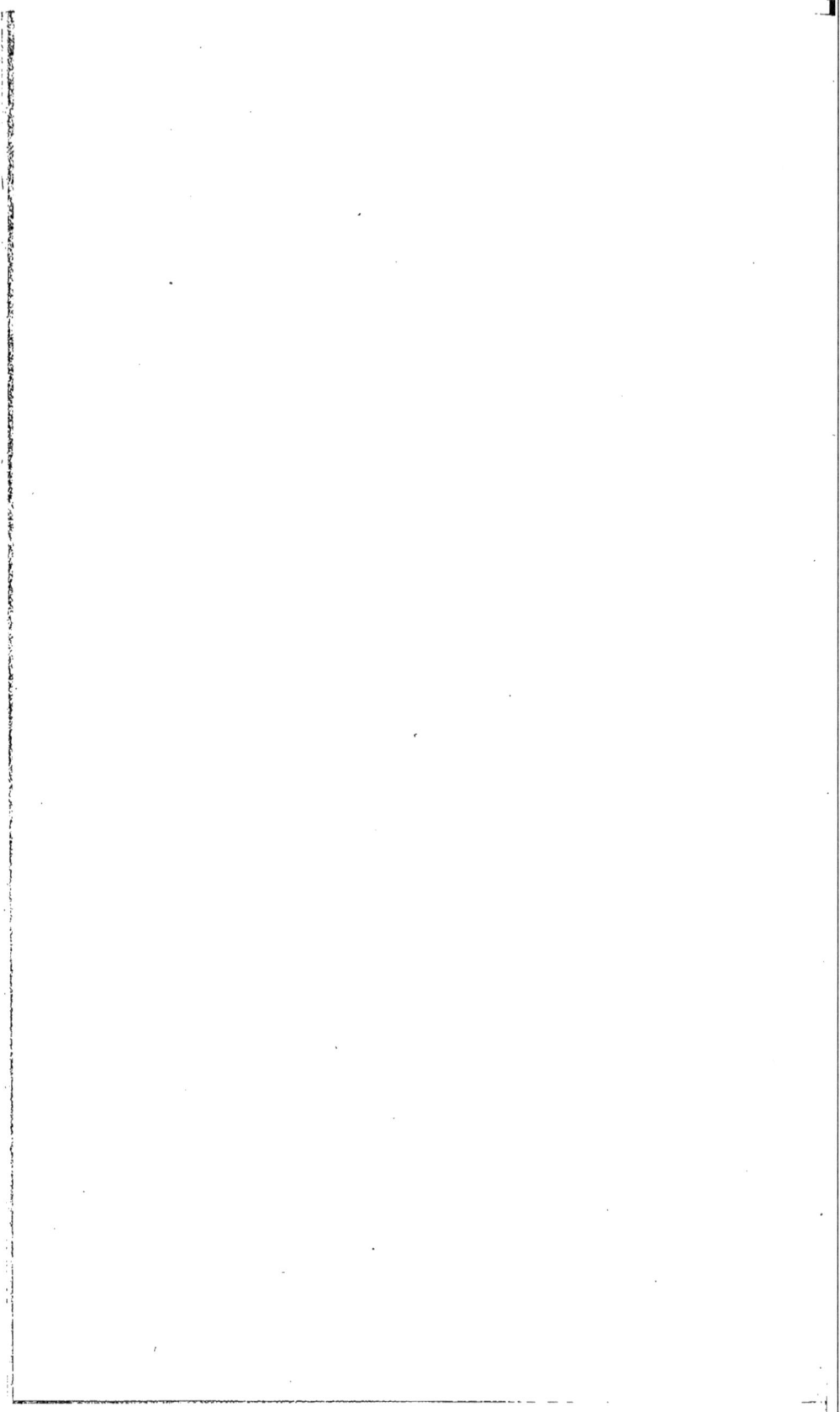

FACULTÉ DE DROIT DE PARIS

DES DONATIONS A CAUSE DE NOCES
EN DROIT ROMAIN

DES DONATIONS DE BIENS A VENIR
EN DROIT FRANÇAIS

THÈSE POUR LE DOCTORAT

L'acte public sur les matières ci-après
sera soutenu le Jeudi 16 Juin 1881, à 1 heure et demie

PAR

Auguste de la LANDE

LAURÉAT DES CONCOURS DE LICENCE
(Poitiers, 1876)
(PREMIER PRIX DE DROIT ROMAIN. — DEUXIÈME PRIX DE DROIT FRANÇAIS)

PRÉSIDENT : M. DUVERGER, professeur.

SUFFRAGANTS. . . . . . . {
MM. LABBÉ, - GLASSON, } professeurs.
ALGLAVE, LAINÉ, } agrégés.

PARIS
LIBRAIRIE NOUVELLE DE DROIT ET DE JURISPRUDENCE
ARTHUR ROUSSEAU, ÉDITEUR
14, RUE SOUFFLOT ET RUE TOULLIER, 13

INTRODUCTION

DE LA GÉNÉRALITÉ ET DE LA RAISON D'ÊTRE DES DONATIONS
EN FAVEUR DU MARIAGE

La donation considérée en elle-même est de tous les
temps et de tous les pays. Du jour où la propriété est
constituée, où les fruits et les produits des objets appro-
priés sont une source de bien-être et de jouissance,
on conçoit la substitution gratuite d'une personne à
une autre dans les avantages résultant de la propriété.
Substitution volontaire de la part de celui qui se dépouille de ces avantages pour en revêtir un autre, et
dont la raison première est l'amour, la reconnaissance, quelquefois même une magnificence naturelle à
certains caractères.

Le fait juridique est si logique, il découle si naturellement du droit de propriété, qu'il coexiste à ce
droit dès sa formation même et qu'il en est en quelque sorte un des attributs essentiels. Aussi a-t-il été
constamment reconnu et proclamé par les différentes
législations qui se sont succédé dans le monde, même
par celles qui ont entouré de plus de barrières sa manifestation légale.

C'est ainsi que notre ancienne jurisprudence, qui
n'hésitait pas à considérer le testament comme une

institution du droit civil et le grevait en conséquence d'une interdiction de donner ses propres au delà d'une limite déterminée, n'osa pas apporter cette restriction aux donations, ne se croyant pas en droit de le faire.

On conçoit en effet, dans une certaine limite, quant aux dispositions testamentaires, une dépendance plus étroite de la loi civile : elle seule, en effet, peut assurer l'exécution de la volonté d'un testateur, puisque celui-ci n'est plus là pour faire ce qu'il a conçu et exiger ce qu'il a ordonné ; bien plus, sa personnalité a même disparu en réalité. Ce concours de la loi civile, le législateur peut le grever des conditions qu'il croit utiles. Aucune raison de ce genre ne se présente lorsqu'il s'agit d'une donation : donner son bien est l'exercice normal du droit de propriété, aussi bien que démolir sa maison, dessécher un étang ou labourer ses terres. L'acte se conçoit en dehors de toute législation civile et par le seul fait de relations pacifiques entre les hommes.

Pour limiter la faculté de donner, il a fallu se placer à un point de vue tout différent, laisser de côté la notion pure de la propriété et s'attacher à des raisons, sinon de logique, au moins d'utilité. Cette considération n'était pas entrée dans notre ancien droit, pas plus d'ailleurs que dans le droit romain, et sans dissimuler sa malveillance à l'égard des libéralités en général, les réglementations minutieuses, presque mesquines, dont elle les avait enserrées témoignaient en même temps bien haut de leur indépendance native.

Mais si le fait de donner est une conséquence du droit de propriété, une institution du droit naturel, nous ne pouvons nier cependant l'intérêt que comporte la donation pour les législations civiles. Tout d'abord, à l'inverse de la vente, de l'échange et généralement de toutes les opérations à titre onéreux, ses motifs peuvent varier à l'infini. L'intérêt au sens restreint du mot n'existe plus ; et au lieu de ce motif unique que toute loi admet a priori dans toutes ses conséquences, qui porte en lui-même sa garantie, nous trouvons un ordre multiple de circonstances dont le législateur a pu prévoir l'influence sur la constitution sociale, parfois politique d'une nation, et qui ont éveillé sa sollicitude. C'est dans cet ordre d'idées, en quelque sorte extrinsèque à la donation, que nous rencontrons les nombreuses réglementations, qui dans le droit romain, dans notre ancien droit français et dans notre droit civil actuel, ont soulevé tant de difficultés théoriques et pratiques.

Souvent les relations intimes de reconnaissance et d'affection, qui existent entre le donateur et le donataire, préoccupent le législateur. La situation dominante du donateur ne garantit pas suffisamment la stabilité de la propriété chez le donataire ; et le législateur sanctionne une translation de propriété dont l'incertitude causerait un préjudice aux tiers.

Mais plus généralement, comme nous le disions, c'est le motif même de la donation qui est visé par la loi : loi de défense ou d'extension suivant les temps et les peuples. Favorable aux donations dont le motif est légitime et conforme au développement normal de la société, la loi est généralement restrictive des libéralités destinées à troubler l'ordre établi par elle des transmissions héréditaires. C'est là dans toutes les législations un double courant juridique de dispositions interdisant les donations ou les limitant lorsqu'il s'agit de certains donateurs et de certains donataires, les élargissant et les confirmant au contraire dans des circonstances données. C'est au second de ces ordres d'idées que se rattache l'objet de notre double étude des donations à cause de noces en droit romain, et des donations de biens à venir par contrat de mariage en droit français.

En effet, parmi les donations que les législateurs ont vues avec le plus de faveur, celles qui sont d'une façon générale destinées à encourager le mariage tiennent sans contredit le premier rang. Elles sont les premières par leur importance et par les faveurs dont la loi les entoure. La constitution régulière de la famille, source unique d'une postérité légitime, importe si fort à la société que le législateur a dû en féconder la source autant qu'il était en lui. Il a réservé pour cette postérité légitime tout le bienfait de la loi et il a encouragé le mariage en facilitant les libéralités dont il peut être l'occasion. C'est qu'en effet le mariage apporte avec lui tout le poids d'une famille nouvelle qui se forme et qui n'a de ressources que dans celui qui la crée. Ce qui suffit à l'homme isolé le laissera dans le besoin s'il lui faut soutenir les siens; et une pareille considération est de nature à faire reculer les plus décidés, les plus aptes à enrichir la société d'une génération nouvelle. Dès lors comme garantie de ces charges apparaît tout naturellement la constitution d'un patrimoine susceptible de les supporter. Ce patrimoine change de nom; c'est la dot, c'est l'apport. Mais s'il change de nom, s'il est réglementé diversement, il ne change pas de nature,

car cette nature, c'est le but même de la constitution
de ce patrimoine qui la détermine. Si les futurs ne
sont pas en état de constituer eux-mêmes ce patrimoine, au-dessus d'eux des ascendants, désireux de
voir s'étendre leur postérité et d'assurer le sort de
leurs enfants, y suppléent par des donations. Quelquefois ce sont des collatéraux, des amis même, car rien
n'est plus conforme à la nature de l'homme que l'intérêt qu'il porte aux familles nouvelles de ceux qu'il
aime.

Cette raison d'être philosophique ne se rencontre
pas avec son plein développement dans toutes les
sociétés : celles où toute la famille se concentre dans
la personnalité unique de son chef, comme dans la
Rome ancienne, celles-là, disons-nous, ne laissent pas
de place à la formation d'une famille nouvelle pour le
présent. Aussi à cette époque de pures et rigides
institutions de famille la dot n'existe pas, au moins à
l'état d'affectation spéciale de certains biens. Les
époux restent sous la puissance paternelle, eux et la
génération qui naîtra d'eux : c'est la famille du « *paterfamilias* » qui s'accroît. Les enfants de ses enfants sont à sa charge, au même titre que ses enfants
eux-mêmes. Le jour au contraire où cette famille du
« *filiusfamilias* » aura une existence distincte par
la mort du père, ce jour-là aussi la succession du « *paterfamilias* » décédé lui assure un patrimoine. Si
l'émancipation, au lieu de la mort, dissout le lien qui le
retient sous la puissance paternelle, son pécule sub-
viendra aux nécessités de son foyer.

A mesure que l'institution de la famille perd de sa
rigidité, nous voyons se développer sous une forme

spéciale le patrimoine destiné à subvenir aux charges du mariage. C'est la dot, qui au temps de l'empire atteint des proportions considérables, la dot qui éveille la sollicitude du législateur, qui la regarde comme la clef de voûte de la perpétuation du peuple romain. « *Interest reipublicæ mulierum dotes salvas esse propter quas nubere possunt.* » (D. L. XXIII, T. III. De jure dotium. 2 Paul.) Et la dot n'est-elle pas presque toujours une libéralité des ascendants, des collatéraux, des amis de la femme, libéralité que les juristes romains transforment en la mettant à la disposition du mari? Et même lorsque c'est la femme qui se la constitue, ce qui peut se présenter lorsqu'elle a déjà un patrimoine, la dot ne se départit pas de ce caractère général de disposition gratuite, motivée et sanctionnée par la faveur du mariage.

Le même point de vue se retrouve dans notre ancien droit. Malgré la prépondérance des idées aristocratiques et le règne du droit d'aînesse, les donations en faveur du mariage sont d'un grand usage. Une extension toute spéciale de la donation s'établit même pour les faciliter.

A notre époque où l'individualisme a pris un développement inconnu jusque-là, où l'intérêt de la famille, mis en lutte avec l'intérêt de l'individu, a dû céder devant celui-ci au point de lui être parfois entièrement sacrifié, le morcellement des patrimoines, la distinction complète des intérêts exigent plus que jamais la constitution d'un patrimoine nouveau à la formation d'un foyer nouveau. On ne concevrait plus cette nouvelle famille s'adjoignant à celle qui la précède et dont elle sort, comme à la première époque romaine : il lui faut

ses ressources propres, comme elle a sa situation indépendante et ses charges spéciales, destinée qu'elle est
elle-même à se dissoudre et à se refermer en quelque
sorte sur ceux qui l'ont constituée, dès que la génération qu'elle aura produite aura grandi assez pour se
faire à elle-même sa place dans le monde. Ce patrimoine nouveau qu'exigent nos mœurs n'est qu'un apport réciproque des époux : ou plus généralement il
se forme des libéralités qui leur sont faites.

Sans sortir du cadre des donations qui encouragent
le mariage, et en dehors de ce large principe social
qui sollicite la constitution d'un patrimoine pour en
soutenir les charges, il y a encore les dons de fiançailles et présents de noces, qui sont d'un usage im-
mémorial. Ces libéralités moindres faites aux époux
ou par les époux, à l'occasion du mariage, sont-elles
aussi sanctionnées par les lois ? Elles témoignent de
l'affection et de l'estime réciproques des fiancés lorsqu'elles émanent d'eux ; elles rehaussent l'importance
et la dignité du mariage lorsqu'elles émanent des tiers.

Mais si la faveur du mariage et des libéralités qui
l'encouragent est de tous les temps et de toutes les nations, les institutions diverses, auxquelles ce principe
commun a donné naissance, ont revêtu des formes si
différentes qu'il faut souvent considérer la source commune d'où elles découlent, pour reconnaître le lien logique qui les unit. Cette observation a sa place au
début d'une étude sur deux institutions de droit
qui se suivent dans l'ordre chronologique des temps,
mais qui, dans l'ordre logique, sont deux développements parallèles d'un même principe.

Dans les donations à cause de noces du droit romain, il n'y a en réalité qu'un perfectionnement juridique des relations patrimoniales de l'homme et de la femme unis par le mariage. C'est là un ordre d'idées bien différent de celui qui régit nos donations par contrat de mariage du droit moderne ; mais dans l'une des institutions comme dans l'autre, le but du législateur, c'est l'encouragement du mariage. Dès lors les mêmes principes d'interprétation auront à intervenir : c'est plus qu'une similitude de noms, c'est une communauté d'origine.

Ces prémisses posées, nous ne prétendons pas pousser plus loin les rapports d'analogie. L'institution romaine des donations à cause de noces a son originalité et sa nature propre, nous nous efforcerons d'en rechercher l'origine et d'en suivre les développements dans le droit du Bas-Empire. Quant au système des donations de biens à venir par contrat de mariage de notre droit moderne, il porte en lui-même un caractère spécial, dont l'étude remplira à elle seule la seconde partie de ce travail.

DROIT ROMAIN

DES DONATIONS A CAUSE DE NOCES

CHAPITRE PREMIER

DES PRÉCÉDENTS DE LA DONATION A CAUSE DE NOCES

§ 1.

Le droit romain ne nous présente pas d'institution complète et spéciale destinée à enfermer dans un système de faveur légale les libéralités qui interviennent à l'occasion des mariages. Est-ce à dire que le législateur se désintéresse des unions légitimes ? Non évidemment ! Plus que personne le législateur romain qui garde le souvenir de ces familles austères et fortes des premiers âges de la République s'efforce de réagir contre la dissolution des mœurs. Le temps n'est plus où le divorce de Carvilius Ruga soulevait la réprobation de la société romaine. Son exemple a fait école : les femmes romaines, dit-on, ne comptent plus les années par le nom des consuls, mais par celui de leurs maris (1). Et de la fragilité de ces unions naît le mépris et l'éloignement du mariage. Les maîtres du

(1) Sénèque, *de Benef.* III, 16.

monde sentent se développer dans leur sein le germe de corruption qui amènera la décadence.

« Celui qui a su profiter de l'abaissement moral de Rome pour lui confisquer ses libertés se croit appelé à la régénérer (1) : » Auguste frappe des coups de sa toute-puissance les « cœlibes » et les « orbi ». C'est la loi « *Julia de maritandis ordinibus* » d'abord, et quelques années après, la « *Papia Poppœa* » (2) qui achève d'organiser le régime des lois caducaires, régime dont les considérations sociales les plus élevées ne suffisent pas d'ailleurs à justifier l'arbitraire. Et l'efficacité du remède était aussi douteuse que sa légitimité. Les lois sont le miroir des mœurs : elles les reflètent, elles ne les font pas. C'était déjà le soupir du poète ami de l'empereur qui prédisait à son maître l'impuissance de ses réformes :

> . . . . Quid leges, sine moribus
> Vanæ, proficiunt ! . . . . (3)

Mais quelle que soit la haine qu'excitèrent ces lois et quelque vaines qu'elles apparurent dans la suite, elles constituent néanmoins le plus puissant effort fait par le législateur en faveur des unions légitimes. Prenons-en acte, pour reconnaître que ce n'est pas à son indifférence qu'il faut attribuer l'absence de ces dispositions si répandues dans notre ancien droit et dans notre droit civil actuel.

Il semblerait plus exact de rattacher la cause de cette lacune à l'influence des institutions primitives

(1) Accarias, *Précis de Droit romain*, I, p. 850.
(2) Gaius, II, §§ 111 et 286.
(3) Horace, liv. III, ode 24.

qui continue à se faire sentir longtemps encore après que ces institutions sont tombées en désuétude. L'idée romaine sur l'union des patrimoines des époux n'est pas autre chose que la conséquence de l'union de leurs personnes, de cette « *conjunctio individuam vitæ consuetudinem continens* (1) ». La « *conventio in manum* » en particulier met aux mains du mari les biens de sa femme ; l'épouse cesse d'être propriétaire de son patrimoine : il n'y a dans chaque maison qu'un seul « *dominus* », maître des personnes et des biens. « *Nihil conspiciebatur in domo dividuum..... sed in commune conspirabatur ab utroque ut cum forensis negotiis matrimonialis industria rationem parem faceret* (2) ». L'idée si féconde du patrimoine spécial, constitué en vue de subvenir aux charges du mariage, ne se dégage pas encore avec cette netteté qui en fait dans les législations postérieures l'idée mère des institutions contractuelles. — On conçoit dès lors que les jurisconsultes romains n'aient pas senti le besoin de ces institutions de faveur, qui n'ont pas d'autre but que de créer et de garantir ce patrimoine. — L'institution contractuelle, en particulier, aurait d'ailleurs trouvé un invincible obstacle dans les mœurs et dans la répugnance qu'avaient les Romains à disposer à l'avance de leur succession.

Mais si les libéralités faites en faveur du mariage, soit par les futurs époux entre eux, soit par les tiers aux futurs époux, n'ont pas fait l'objet de dispositions particulières de la part du législateur, leur existence au moins et même leur fréquent usage entre

(1) Inst. L. I, t. IX, 1.
(2) Columelle, XII, pr.

futurs époux n'en est pas moins certain. Dès le sixième siècle de la fondation de Rome, la loi *Cincia* (1) range les « *sponsi* » (2) parmi les personnes qui restent exceptées de ses dispositions (3). Il y a donc des donations entre futurs époux, et la loi les voit avec faveur! Mais cette faveur se borne à la seule exception posée par la loi Cincia : faveur qui n'est pas bien spéciale puisque la même loi l'étend à tous les cognats jusqu'au cinquième degré, voire même aux *sobrini* et *sobrinæ*, ainsi qu'à toutes les personnes placées sous l'autorité de ces cognats ou à l'autorité desquels ils étaient eux-mêmes soumis (4).

Plus tard il en est fait mention à l'époque des jurisconsultes. Des difficultés s'élèvent sur leur validité lorsqu'elles se présentent à un instant très rapproché du mariage. Ces donations, nous dit Modestin, sont valables entre futurs époux alors qu'elles ne se produiraient que le jour même du mariage : elles ne tombent pas encore sous la prohibition qui frappe les époux (5) (6). Un autre texte du Digeste précise davan-

(1) Plébiscite proposé par le tribun Cincius Alimentus qui prit le nom de *Lex de donis et muneribus* ou *Lex muneralis*. — Tite-Live, 34-4. Festus, vº *Muneralis*.

(2) Les époux sont aussi rangés dans les *exceptæ personnæ* : la prohibition des donations entre époux n'existait pas encore. — (*Fragm. Vat.*, 302).

(3) *Fragm. Vat.*, 302.

(4) *Fragm. Vat.*, 298-299.

(5) D. L. XXIV, t. I, *De Don. int. vir et ux.*, 27. Modestin.

(6) Avant Sévère la donation entre époux est nulle lorsqu'elle enrichit le donataire et appauvrit le donateur. A partir de Sévère elle devient une sorte de donation *mortis causa* en ce sens qu'elle n'est valable que si le donateur ne l'a pas révoquée avant de mourir et si le donataire n'est pas prédécédé. — (D. L. XXIV, t. I, *De donat. inter vir. et ux.* L. 5. Ulpien, §§ 13 et 14. L. 32. Ulpien. R. et § 2.)

tage encore la limite qui sépare la donation entre futurs époux pleinement valable et définitive de celle qui interviendrait après le mariage (1).

Une constitution d'Aurélien prévoit la même difficulté. Si la donation faite le jour du mariage a été acceptée par la femme à son domicile, c'est une donation entre futurs époux irrévocable : si elle a été acceptée au domicile du mari, c'est une donation entre époux (2).

Allons plus loin ; la qualité de futur époux est même un titre pour recevoir des donations : aussi voyons-nous une constitution impériale défendre à une femme de réclamer une donation qui lui a été faite par un prétendu fiancé déjà marié, et qui ne pouvait pas, par conséquent, se prévaloir vis-à-vis elle de cette qualité (3).

§ 2.

Les donations « *anté nuptias* » ou en contemplation de mariage, dont nous venons de constater l'existence, ont été le précédent juridique de l'institution qui fait l'objet de cette étude : il importe d'en préciser le caractère.

Ce sont des donations pures et simples qui peuvent avoir les mêmes objets que les donations ordinaires, des esclaves, des bêtes de somme (4), des fonds de terre (5). Il est remarquable que la condition résolutoire « si le mariage en vue duquel elles interviennent n'a pas lieu », n'y est même pas sous-entendue.

---

(1) D. L. XXIV, t. I. *De don. int. vir. et ux.*, 66. Scevola.
(2) C. L. V, t. III. *De don. ante nupt.*, 6. Aurélien.
(3) C. L. V, t. III. *De don. ante nupt.*, 5. Valérien et Gallien.
(4) C. L. V, t. III. *De don. ante nupt.*, 10. Dioclétien.
(5) C. L. V, t. III. *De don. ante nupt.*, 8. Dioclétien.

*

Un fiancé a donné un esclave à sa fiancée : en
échange de bons procédés le futur beau-père a donné
des bêtes de somme à son futur gendre. Le mariage
projeté n'a pas lieu et contre tout droit l'ex-fiancé a
repris son esclave. Ce sera cet esclave même que le
beau-père devra revendiquer, et non pas les bêtes de
somme qu'il avait données en compensation (1). Un
autre rescrit de Dioclétien nous donne le même principe d'interprétation en supposant que le mariage est
rompu non pas par la volonté des parties, mais par la
mort du fiancé tué à l'ennemi (2).

Il est vrai qu'une constitution d'Alexandre, la loi 2
du titre « De donationibus *ante nuptias* », qui permet
de faire restituer certaines donations si le mariage
n'intervient pas, paraît contredire notre solution. Mais
l'hypothèse réglée par ce texte, n'est pas celle des
donations en contemplation de mariage, qui nous
occupe, il s'agit de présents faits aux parents de la
future qui n'ont plus de raison d'être si le mariage qui
en est l'occasion ne se réalise pas.

Mais la condition résolutoire tacite, qui n'est pas
sous-entendue dans la donation *ante nuptias*, y est très
valablement jointe par un pacte exprès, qui peut intervenir tant au profit du donateur lui-même qu'au
profit de ses héritiers (3).

L'insertion de cette condition ne touche en rien
d'ailleurs à la nature de la donation « *ante nuptias* »,
et il ne faudrait pas en raison de cette condition la
confondre avec une autre institution voisine du droit

(1) C. L. V, t. III. *De don. ante nupt.*, 10. Dioclétien.
(2) C. L. V, t. III. *De don. ante nupt.*, 11. Dioclétien.
(3) C. L. V, t. III. *De don. ante nupt.*, 7. Carin et Numérin.

romain dont elle diffère essentiellement, je veux parler des « *arrhæ sponsalitiæ* ». Ce sont là de véritables arrhes qui supposent entre les parties les mêmes conventions que les arrhes fournies entre vendeurs et acheteurs (1). Au contraire de ce qui a lieu pour les donations auxquelles n'est pas jointe une condition résolutoire spéciale, la rupture du mariage ne saurait en aucune manière maintenir les arrhes intactes dans leur *statu quo*. Aussi voyons-nous que si le mariage est rompu par le décès d'un des fiancés elles seront restituées purement et simplement par le survivant ou par les héritiers du défunt (2).

S'agit-il d'une rupture volontaire, si la rupture est imputable à l'une des parties, cette partie était autrefois condamnée à restituer le quadruple des arrhes livrées, y compris toutefois les arrhes elles-mêmes pour un quart. Un rescrit de l'empereur Léon (3) abroge en principe cette pénalité, en permettant cependant aux parties de l'établir d'un consentement mutuel. Ce rescrit est la loi de la matière : il dispose qu'en dehors de toute stipulation spéciale la femme *sui juris*, majeure de vingt-cinq ans, ou, ce qui revient au même, ayant obtenu la *venia ætatis* (4), et qui rompt le mariage

---

(1) Inst. L. III. t. XXIII, pr. et C. L. IV, t. XXI. *De fide instr.*, 17. Justinien.

(2) C. L. V, t. 1. *De sponsalibus*, 3. Gratien et Valentinien.

(3) C. L. V, t. 1. *De sponsalibus*, 5. Léon et Anthémius.

(4) La *venia ætatis* est un bénéfice qui donne au mineur les droits de majeur, à une exception près, toutefois, c'est que malgré ce bénéfice le mineur de vingt-cinq ans reste incapable d'aliéner ses immeubles. — Elle est accordée sur requête par rescrit impérial aux femmes à partir de dix-huit ans et aux hommes seulement à partir de vingt ans. (C. L. II, t. XLX. *De his qui veniam ætatis impetraverunt.*)

projeté sans raison légitime, sera condamnée à restituer le double de ce qu'elle a reçu. Il en sera de même
de ses père et mère ou ascendants si ce sont eux qui
ont reçu les arrhes.

Au contraire si la femme est mineure de vingt-cinq
ans, ou encore s'il existe une raison légitime de rompre le mariage, comme une prohibition des lois, la
diversité des sectes, l'impuissance du futur, il n'y
aura lieu qu'à une restitution pure et simple des arrhes
reçues. La condamnation au double des arrhes serait
toutefois prononcée en dépit de la raison légitime de
rupture s'il était prouvé que la femme ou ses parents
en avaient eu connaissance avant la remise des arrhes.

Mais bien que tendant à assurer la consistance et la
stabilité des projets d'union, l'institution des *arrhæ
sponsalitiæ* dépasserait son but si on en arrivait à
y joindre des clauses pénales de nature à compromet-
tre la liberté entière dont doivent jouir les personnes
qui s'engagent dans les liens du mariage. Aussi le
rescrit de l'empereur Léon a-t-il soin d'annuler toutes
celles qui dépasseraient soit la peine du double qu'il
établit en droit, soit la peine du quadruple dont il autorise la stipulation. Les arrhes de fiançailles diffèrent
donc des donations *ante nuptias*, non seulement
par le but en vue duquel elles ont été établies mais
encore par les dispositions du droit qui les gouvernent.

Revenons aux donations *ante nuptias :* dans la pratique elles émanent presque toujours du mari. Il
suffit pour s'en convaincre d'examiner les textes qui
en traitent ; à peu près tous se placent dans l'hypothèse d'une donation faite par le futur époux à sa
fiancée. Un rescrit de Constantin est encore plus for-

mel et constate que la donation *ante nuptias* de la femme au mari se présente rarement : « *quod raro accidit* (1). »

Cette particularité s'explique si l'on songe qu'en général la donation de la future épouse revêt une autre forme minutieusement et complètement réglementée, celle de la dot. La dot constitue en effet pour le mari des avantages considérables : il en est véritablement le seul propriétaire, et bien que la loi Julia ait entravé ce droit de propriété par la prohibition d'aliéner, et que la dot soit devenue sujette à restitution dans bon nombre de cas, nous y retrouvons cependant tous les caractères d'une libéralité de la femme au mari.

La dot romaine peut émaner du père de famille, ou de la femme elle-même, ou d'un tiers quelconque. Dans le premier cas c'est la dot profectice, dans les deux autres c'est la dot adventice (2). Touchés de l'obligation civile de doter ses filles qui grevait le *paterfamilias* (3), les jurisconsultes furent conduits à établir sur la base de cette distinction des différences fort importantes au point de vue de la restitution de la dot.

Cette restitution n'a jamais lieu qu'au profit de la femme survivante lorsqu'il s'agit d'une dot adventice : autrement dit cette dot constituera un gain de survie pour le mari si la femme prédécède. La loi autorise des stipulations spéciales qui, dérogeant à cette règle, assurent la restitution au constituant ou à la consti-

(1) C. L. V, t. III. *De don. anté nupt.*, 16. Constantin.
(2) Ulpien. t, VI, § 3.
(3) Cette obligation résulte de la loi Julia. — (D. L. XXIII, t. II. *De ritu nupt.* L. 19. Marcien.)

tuante, ou même à un tiers désigné (1). Mais en dehors de ces stipulations il n'y a que la femme devenue veuve ou divorcée qui puisse exiger la restitution de sa dot : elle appartient définitivement au mari si la femme meurt dans le mariage. La dot profectice, au contraire, dans la même hypothèse de la mort de la femme pendant le mariage, sera restituée au père : elle ne constitue pas un gain de survie pour le mari. En cas de divorce ou de prédécès du mari, la dot profectice reste à la femme comme la dot adventice.

Justinien unifia le système de la restitution de la dot, en sous-entendant en toute hypothèse la stipulation de restitution (2). Dès lors le bénéfice du mari en tant que définitif disparut totalement de la dot. Mais il n'en reste pas moins acquis, que primitivement d'abord les biens apportés par la femme, soumise à la *manus*, appartenaient définitivement au mari : plus tard, et comme conséquence de ce principe, croyons-nous, naît cette autre règle que la dot appartient au mari, même lorsque la *manus* n'existe pas. Sur ce nouveau terrain, il est vrai, le système des restitutions diminue les avantages du mari, mais jusqu'à Justinien la dot adventice constitue un gain de survie légal à son profit. Or rien dans le système de la dot ne pouvait compenser ces avantages que des donations faites à la femme avant le mariage, et c'est du jeu même des institutions que naquit la donation *ante nuptias*, nécessaire à l'intérêt de la femme, inutile à celui du mari.

Toutefois malgré leur origine les donations *ante*

(1) Ulpien, t. VI, § 5.
(2) C. L. V, t. XIII. *De rei uxor*., 1\ Justinien.

nuptias n'en restent pas moins de simples donations soumises aux règles générales de la matière. Elles ne comportent, ainsi que nous l'avons montré plus haut, aucunes conditions résolutoires autres que celles qui ont été expressément convenues. Il est facile d'en conclure que le prédécès de la donataire ne pouvait pas en entraîner la révocation. Ce système manquait de logique et, disons-le, de justice.

Constantin y apporta une modification profonde : un rescrit de ce prince à Maximus, préfet de la ville, règle à nouveau toute la matière (1). Il suppose d'abord une donation faite par le futur à sa fiancée, ce qui est l'hypothèse habituelle, ainsi que nous venons de le dire. Si la rupture du mariage projeté et en vue duquel les donations ont été faites vient du futur ou de ceux sous la puissance desquels il se trouve, il n'aura aucun droit à réclamer la restitution de ce qu'il a donné. Bien plus, à supposer qu'il n'ait pas effectué la translation de propriété, il aura à la faire sans délais. Mais si au contraire c'est du côté de la fiancée qu'est venue la rupture, toutes les donations seront restituées au donateur. Le même système de restitutions est établi pour l'hypothèse inverse où la donation émanerait de la future épouse.

Voilà pour l'hypothèse d'une rupture volontaire. Un autre rescrit de Constantin (2) prévoit le cas de la mort d'un des fiancés avant la célébration du mariage. Il faut distinguer alors si les futurs ont échangé le baiser des fiançailles. Il n'y a pas eu de baiser de fiançailles et le futur a fait une donation à sa fiancée : l'un ou

(1) C. L. V, t. III. *De don. ante nupt.*, 15. Constantin.
(2) C. L. V, t. III. *De don. ante nupt.*, 16. Constantin.

l'autre vient à mourir, toute la donation fait retour au donateur ou à ses héritiers si c'est lui-même qui est décédé. Les futurs ont-ils au contraire échangé le baiser de fiançailles, la donation sera maintenue pour moitié et résolue pour l'autre moitié (1).

Cette distinction n'est plus à faire si la donation émane de la future épouse. En tout état de cause la mort d'un des futurs fera tomber cette donation au profit de la femme si elle survit, au profit de ses héritiers si c'est elle qui est décédée avant la célébration du mariage.

Désormais la condition résolutoire de l'inaccomplissement du mariage est sous-entendue, et si elle ne produit pas son plein effet ainsi que le montrent les distinctions que nous venons d'établir, c'est que l'empereur joint à l'innovation qu'il introduit deux ordres d'idées différents. Il sanctionne d'une pénalité indirecte les

---

(1) Une trace du rescrit de Constantin ou peut-être plutôt de l'usage qu'il consacrait déjà se trouve dans la coutume de Castille (Fuero viejo). — « Ceci est coutume de Castille : que dona Elvire, cousine de l'archidiacre don Matheo de Burgos et fille de Ferran Rodriguez de Villarmentero, était fiancée avec un cavalier, et le cavalier lui donna en présent de fiançailles (en desponsorio) des habits, des bijoux et une mule harnachée. Mais le mariage vint à manquer : et le cavalier redemanda à la dame toutes les choses qu'il lui avait données en présent de noces... Ils vinrent devant don Diego Lope de Faro qui était adelantado de Castille, et dirent leürs raisons... et jugea don Diego que si la dame accordait qu'elle avait baisé et embrassé le cavalier, après la promesse faite... elle garderait tous les présents de noces ; et qu'au contraire si la dame n'accordait pas qu'elle eût embrassé ou baisé le cavalier, après les fiançailles faites, elle rendrait ce qu'elle avait reçu. La dame ne voulut point accorder qu'on l'eût baisée ou embrassée, et elle rendit tout ce qu'on lui avait donné. » (Laboulaye, *Recherches sur la condition civile des femmes*, p. 131.)

ruptures volontaires des mariages projetés et il cimente l'union que les fiançailles doivent établir en partageant entre les fiancés les donations qu'ils se sont faites.

Cette condition résolutoire sous-entendue ne change pas d'ailleurs autrement le caractère des donations *ante nuptias*, qui restent des donations pures et simples lorsqu'une fois le mariage en vue duquel elles sont intervenues est accompli. Aussi n'y trouvons-nous pas encore la juste compensation des avantages que la dot fait au mari. En effet la donation « *ante nuptias* » par sa nature est un avantage plus considérable pour la femme que la dot ne l'est pour le mari, puisque une fois le mariage accompli elle n'est plus sujette à aucune résolution, tandis que nous avons vu que la dot est restituable suivant les cas. Cette différence en faveur de la femme se tournera logiquement contre elle dans la pratique, en restreignant la mesure des libéralités de son futur époux.

L'imagination féconde des jurisconsultes romains trouva le moyen de concilier ces deux intérêts par une ingénieuse combinaison, déjà fréquente à l'époque où les constitutions et les rescrits des empereurs sont devenus la source du droit. Théodore et Valentinien en parlent comme d'une chose habituelle (1). Le mari fait à sa femme une donation : immédiatement celle-ci se constitue en dot l'objet de la donation. Un rescrit de Sévère et de Caracalla (2), qui analyse assez complètement l'opération, exige en même temps qu'elle soit réelle. Si le mari a simplement voulu augmenter la dot en déclarant avoir reçu à ce titre des objets qu'il n'avait

(1) C. L. V, t. IX. *De sec. nupt.*, 5. Théodose et Valentinien.
(2) C. L. V, t. III. *De don. ante nupt.*, 1. Sévère et Antonin.

pas donnés lui-même avant le mariage, la femme ne pourra pas exiger la restitution de ces objets par l'action de dot : cette augmentation fictive constituerait en effet une donation du mari après le mariage (1). Rien de plus valable au contraire, s'il y a eu véritablement donation *ante nuptias* de la part du mari, et si les objets donnés ont été immédiatement constitués en dot.

Pendant le mariage ces objets restent sous l'administration du mari, ils redeviennent même sa propriété et suivent en tout les règles de la dot.

Arrive maintenant la dissolution du mariage par la mort du mari ou par le divorce : la femme reprend sa dot, sauf toutefois les rétentions de droit, si c'est sa propre faute qui a amené le divorce (2). La nouvelle combinaison n'aura pas eu d'autre avantage que de placer les objets de la donation dans les biens dotaux pendant le mariage au lieu de les laisser en dehors de la dot dans les « παράφερνα » ou le *peculium* (3).

Mais si nous supposons au contraire que la femme meure pendant le mariage, la dot est adventice au moins pour ces objets qui lui ont été donnés et qu'elle s'est constitués elle-même en dot. La règle énoncée plus haut s'applique : le mari gagne la dot et en réalité conserve ce qu'il avait donné (4). La compensation est entière et la donation *ante nuptias* dans ces conditions-là réalise pour le mari un mode de donner aussi avantageux que la dot pour la femme : le mari

---

(1) C. L. V, t. III. *De don. ante nupt.*, 4. Gordien.

(2) Ulpien, t. VI, 612.

(3) D. L. XXIII, t. III. *De jure dotium*, 9. Ulpien, § 3 ; et D. L. XXXIX, t. V. *De donationibus*, 31. Papinien, § 1.

(4) Ulpien, t. VI, 65.

qui survit ne perd pas le bénéfice de ce qu'il a donné comme la femme survivante reprend sa dot.

Cette égalité de situations, transportons-la dans les quantités données : supposons pour un instant que la dot définitive constituée par la femme soit composée pour moitié des donations *ante nuptias* qu'elle a reçues de son mari et pour moitié de ses biens personnels : nous aurons ainsi un résultat singulier : « La dot sera une masse composée d'apports égaux de la part de chacun des époux, destinée à subvenir aux charges communes, soumise à l'administration du mari et devant, à la dissolution du mariage, appartenir au survivant en totalité (1). » C'est précisément là le résultat que tendra à établir l'institution de la donation à cause de noces proprement dite qui fait l'objet de notre étude. L'acheminement vers cette idée de communauté de charges et d'avantages dans le patrimoine conjugal est manifeste, mais le dernier pas n'est pas encore fait, et même après l'introduction de cette combinaison nouvelle nous restons encore sur le terrain des anciennes donations *ante nuptias*. Tout d'abord l'égalité d'avantages dans l'hypothèse que nous supposons est purement fortuite; elle dépend des chiffres et ne résulte nullement encore de l'institution elle-même. Et la meilleure preuve que la nouvelle combinaison ne fait pas tomber en désuétude la donation *ante nuptias* telle que nous l'avons analysée, c'est que la constitution de Constantin juge nécessaire d'y sous-entendre la condition résolutoire de l'inaccomplissement du mariage. Et qu'on ne dise

(1) Alban d'Hauthuille, *Rev. Wolowshi*, t. VIII, p. 347.|

pas que sous le nom de donation *ante nuptias* le rescrit impérial vise tout simplement la donation à cause de noce transformée : la disposition même du texte contredit absolument cette supposition. L'empereur a soin de régler l'hypothèse d'une donation faite par le futur époux à sa fiancée (1) ; il ajoute, il est vrai, que ce cas se présente peu, *rarò accidit*, mais qu'importe? Il suffit qu'il soit possible, pour témoigner qu'il ne s'agit pas là d'une donation à cause de noces telle qu'elle sera conçue à l'époque de Justinien. Cette donation s'appelle la contredot, ἀντίφερνα. Son nom même indique son but : il est de son essence dè ne pouvoir être faite par la femme. Ce n'est donc pas d'elle qu'il est question au rescrit de Constantin.

CHAPITRE II

TRANSFORMATION DE LA DONATION A CAUSE DE NOCES. — SES CARACTÈRES. — SES RAPPORTS AVEC LA DOT.

§ 1.

De l'étude rapide que nous venons de faire des donations entre futurs époux ressortent deux faits ou plutôt deux notions qui président aux transformations successives que nous avons vues. La première est la constitution spéciale d'un patrimoine pour subvenir aux charges du mariage, la seconde est le concours mutuel des époux à la constitution de ce patrimoine.

(1) C. L. V, t. III. *De don. ante nupt.*, 16. Constantin.

La première de ces notions avait engendré la dot, à une époque où la fréquence des divorces rendait inapplicable l'antique principe de l'*in manum coventio*, institution qui entraînait l'absorption définitive du patrimoine de la femme dans celui du mari, ou du chef de la famille du mari (1), et rendait par là difficiles les seconds mariages des femmes divorcées. Les deux notions réunies sont l'origine de la donation à cause de noces, cette institution nouvelle inconnue des anciens jurisconsultes et introduite par des décrets récents des empereurs, pour parler la langue de Justinien (2)

Admettrons-nous toutefois, comme paraît le supposer le rédacteur des Institutes, que l'institution nouvelle sortit tout entière et tout d'une pièce d'un décret impérial? C'est peu probable. La coutume fait loi à Rome (3) : cette coutume se fixe à l'époque classique dans les réponses des prudents, qui la consacrent : plus tard, quand cette source du droit s'oblitère, les actes impériaux la suppléent; mais il est bien permis de croire que, comme les sentences des jurisconsultes qu'elles remplacent, les constitutions impériales sont bien plus souvent la consécration d'un usage passé dans les mœurs, que l'application d'une idée personnelle et préconçue de l'empereur.

Dans la matière qui nous occupe en particulier, les transformations sont trop visibles pour qu'on puisse douter de la participation de la coutume à la formation de la nouvelle institution. Nous voyons d'abord

---

(1) Inst. Gaius. C. III, § 83.
(2) Inst. L. II, t. VII. *De donationibus*, § 3.
(3) C. L. VIII, t. LIII. *Quæ sit longa consuetudo*, 2. Constantin.

les donations des futurs époux se produire principalement, je dirai presque uniquement, du côté du
mari : premier moyen trouvé pour compenser l'avantage que la dot procure au mari. Cette compensation
ne paraît pas suffisante ; on y joint la combinaison que
nous avons montrée : la femme se constitue en dot
les objets qui lui ont été donnés par son mari. De là
à l'institution des empereurs récents dont parle Justinien il n'y avait qu'un pas, et ce pas dut être franchi
quand cette constitution de dot spéciale fut devenue
d'un usage général. Il était facile en effet de trouver
une combinaison plus simple que celle de ce double
contrat de donation et de constitution de dot : il suffisait de convenir que la donation du mari à la femme
resterait entre les mains de celui-ci pendant le mariage pour subvenir aux charges qu'il entraîne, et que
le prédécès du mari ou la dissolution du mariage seulement lui laisserait son plein effet. Du jour où cette
combinaison est trouvée, la donation à cause de
noces existe dans sa forme nouvelle : les constitutions
impériales achèvent seulement de la définir et de la limiter de manière à en faire ce que Justinien appelle
avec raison : ἀντίφερνα, la dot du mari.

On ne saurait dire avec une précision absolue, quels
sont les empereurs auxquels Justinien attribue l'introduction de la donation à cause de noces telle qu'il
la caractérise, car il n'existe pas de constitution traitant la matière d'une façon complète. Ce qu'on
observe seulement, c'est que la première constitution,
où la dénomination de donation *ante nuptias* se
réfère sans conteste à l'institution nouvelle, émane
des empereurs Théodose et Valentinien, en 449 : on

peut en conclure raisonnablement que c'est à eux que Justinien attribue l'introduction de cette donation ; surtout si l'on admet qu'en notre matière les constitutions impériales ne font que constater le fait accompli.

Le rescrit impérial auquel nous faisons allusion (1) pose une sanction aux divorces sans juste motif. Cette sanction, pour la femme, c'est la perte de sa dot et de la donation anténuptiale. Le parallèle est déjà significatif, il ne peut évidemment pas s'appliquer aux anciennes donations anténuptiales absolument définitives du jour où elles étaient faites, au moins jusqu'à Constantin, et du jour où le mariage était accompli, à partir de ce prince (2). La seconde partie du paragraphe l'est encore plus : « *Si vero causam probaverit intentatam, tunc eam et dotem recuperare et ante nuptias donationem lucro habere.... censemus.* » Gagner la donation anténuptiale ! N'est-ce pas l'expression propre qui caractérise cette institution ? Le prédécès du mari ou le divorce venant de son chef fait gagner la dot et la donation anténuptiale à la femme, comme le prédécès de celle-ci fait gagner la dot au mari jusqu'à la constitution de Justinien (3), et lui permet de conserver la donation anténuptiale qu'il a faite et qui est restée pendant le mariage entre ses mains.

Un autre rescrit des mêmes empereurs et antérieur de vingt ans à celui du titre *De repudiis* traite aussi incidemment de la donation anténuptiale (4) : il est

---

(1) C. L. V, t. XVII. *De repudiis*, 8. Théodose et Valentinien, § 4.
(2) C. L. V, t. III. *De don. ante nupt.*, 15 et 16. Constantin.
(3) C. L. V, t. XIII. *De rei uxoriæ*, 1. Justinien, pr.
(4) C. L. V, t. III. *De don. ante nupt.*, 17. Théodose et Valentinien.

à croire que les mêmes princes n'ont pas employé les mêmes termes dans leurs dispositions législatives avec des sens différents et que la donation anténuptiale, pour laquelle on supplée la garantie des actes écrits, lorsque la femme est mineure et privée de l'appui paternel, est la même que celle du titre *De repudiis*.

Encore un argument qui nous porte à croire que la transformation des donations anténuptiales est un fait successif qui, passant par toutes les étapes que nous avons indiquées, s'établit dans l'usage sans secousse, et sans que le législateur juge nécessaire de définir et de limiter la nouvelle institution.

Ce point de vue, toutefois, pourrait être contesté. En partant du texte de Justinien, on peut se demander si la donation à cause de noces ne serait pas une imitation de législations étrangères, introduite par les empereurs. Les analogies puissantes qui existent en effet entre cette donation et la dot telle que nous la présentent les législations orientales et les coutumes germaniques, donneraient une base raisonnable à cette hypothèse.

C'est ainsi qu'en Orient le mari fournit la dot; comme en notre matière c'est lui qui fournit la donation à cause de noces, et cette communauté d'origine frappe au premier abord. Mais un examen plus approfondi nous montre que cette dot a un caractère bien différent de la donation à cause de noces. Elle n'intervient pas en effet pour constituer au profit de la nouvelle famille un patrimoine destiné à subvenir aux charges du mariage, mais elle est donnée par le mari au père de sa femme:

ce n'est en quelque sorte que le paiement d'un prix d'achat (1).

La coutume germaine nous présente aussi, elle, une dot émanant du mari. Mais l'origine de cette dot n'est pas bien différente de celle de la dot orientale. Il serait facile de voir entre elles une parenté que confirment d'ailleurs les données les plus sérieuses de la science ethnographique. En quittant les hauts plateaux de l'Asie qui semblent avoir été leur patrie originaire, les Germains avaient sans doute emporté avec eux les usages des peuples asiatiques. Toutefois, dans la coutume germaine, c'est à la femme elle-même que le mari donne la dot : mais cette dot est obligatoire, et le mari la donne en présence des parents de la femme (2). Bien plus, la nature des objets donnés : *boves et frenatum equum, cum framea gladioque*, indique qu'ils étaient à l'origine destinés plutôt aux parents de la femme qu'à la femme elle-même. N'est-ce pas un souvenir manifeste de la vente de la femme? Les usages se transforment : la femme n'est plus esclave au temps de Tacite, mais il y a peu de temps qu'elle a cessé de l'être ; la preuve, c'est qu'on lui laisse encore comme à une esclave les travaux des champs (3). On conçoit dès lors qu'au lieu d'acheter la femme elle-même le mari achète au père de famille l'autorité qu'il a sur sa fille : le prix d'achat se transforme comme l'objet de la vente, il est payé à la femme elle-même : voilà la dot germaine du mari à sa femme.

(1) *Lois de Manou*, traduites par Loiseleur-Deslongchamps. L. III, 51 à 54.
(2) Tacite, *de Moribus Germ.*, c. xviii.
(3) Tacite, *de Moribus Germ.*, c. xv.

Rétablie ainsi dans sa nature véritable, à travers les transformations dont elle garde encore les vestiges, elle nous apparaît absolument différente de la donation à cause de noces.

Renoncerions-nous même à cet argument tiré de l'origine de la dot germaine que nous ne trouverions pas en elle ce caractère essentiel de la donation à cause de noces qui est d'être le pendant de la dot : ἀντίφερνα, comme dit Justinien. Et en l'absence de ce caractère essentiel, la ressemblance purement extérieure des deux institutions ne suffit pas pour prouver leur connexité.

L'affinité est encore plus grande si nous considérons les usages gaulois tels que nous les transmet César : « *Viri quantas pecunias, dotis nomine, acceperant, tantas ex suis bonis æstimatione facta, cum dotibus communicant : hujus omnis pecuniæ conjunctim ratio habetur fructusque servantur ; uterque eorum vita superarit, ad eum pars utriusque cum fructibus superiorum temporum pervenit* (1). Là évidemment il y a apport réciproque : tout le monde en convient. Quelle est la nature de cet apport? Les systèmes abondent.

Nos vieux auteurs, en bons courtisans de l'amour-propre national, aiment à y voir l'origine de la communauté légale. C'est ainsi que Renusson (2) et Coquille (3) trouvent dans ces mots, *communicare cum dotibus*, le fait de mettre en commun avec l'apport de la femme un apport égal du mari, en un mot sti-

---

(1) César, *de Bello gallico*, VI, 19.
(2) *Traité de la communauté*, part. l, c. ı, 3.
(3) Coquille, *Coutumes de Nivernais*, c. xxiıı, art. 2.

puler la communauté. Mais il est bien difficile d'admettre que si l'institution décrite par César était la communauté des pays coutumiers, elle ait cessé d'exister si bien qu'on n'en trouve aucune trace pendant plusieurs siècles. Et quand elle reparaît vers le dixième siècle, ce n'est pas dans tous les pays gaulois, mais seulement dans les provinces du Nord : bien plus, elle franchit même les limites de ces provinces pour s'étendre dans des pays qui n'ont rien de gaulois (1).

Serait-ce plutôt le régime dotal avec restitution du double de la dot par les héritiers du mari? On l'a soutenu, en se fondant beaucoup sur le mot *dos* qu'emploie constamment César et sur un texte d'Ulpien qui indique l'existence de biens extra-dotaux, *quæ Galli peculium appellant* (2). Le mari aurait un double avantage : propriétaire de la dot pendant le mariage, il garde définitivement cette propriété si la femme prédécède; survit-elle, il lui restitue le double de sa dot. Mais, dit-on, bien qu'il soit obligé de restituer aussi les fruits, il aura bénéficié des revenus qu'auront produits pendant le mariage les fruits capitalisés! Pure hypothèse dont la base même est défectueuse (3). Qui croira en effet jamais à la connexité des textes de César écrits à propos de la Gaule transalpine en l'an 54 avant Jésus-Christ et de ceux d'Ulpien écrits plus de deux siècles plus tard à propos des Gaulois cisalpins déjà fondus dans l'ho-

(1) V. Gide, *Étude sur la condition privée de la femme*, liv. IV, ch. 1.

(2) D. L. XXIII, t. III. *De jure dotium*, 9. Ulpien, § 3.

(3) *Les Celtes*, L. de Valroger. IIe partie, ch. xi, § 6.

mogénéité gallo-romaine des premiers siècles de notre ère ?

J'aime mieux m'en tenir à l'interprétation stricte du texte de César. La femme gauloise fait un apport : cet apport devient la propriété du mari. C'est ce qu'exprime César par ces mots : *dotis nomine*. Car César, comme tous les Romains de son époque, connaît toutes les finesses de la langue juridique ; et la dot était alors à Rome la propriété du mari. Cet apport est peu considérable puisque le mari peut toujours le doubler : d'ailleurs s'il eût été considérable il aurait constitué une masse trop forte pour qu'on pût en réserver les fruits, car avec quoi aurait-on fait face aux charges du mariage ? Il est d'usage que le mari ajoute à l'apport de la femme une valeur égale et lui donne la même destination, *cum dotibus communicant.* — Cet apport ainsi doublé et qui en droit appartient au mari, en fait est laissé à la femme comme un patrimoine qu'elle administre, sans doute le *peculium* dont parlera Ulpien. Ce point de vue concorde d'ailleurs parfaitement avec la situation humble de la femme gauloise vis-à-vis son mari. *Viri in uxores sicuti in liberos vitæ necisque habent potestatem* (1). Elle apporte peu, et le peu qu'elle apporte devient la propriété du mari, car celui qui peut disposer de la vie d'une personne dispose par cela même de ses biens. Ce *peculium* de la femme lui reste en pleine propriété lorsqu'elle survit au mari. Une revendication analogue au profit de la femme survivante se retrouve

(1) César, *de Bello gallico*, VI, 19.

dans les lois galliques d'Hoël pour l'*argyfreu* (bestiaux amenés de chez les parents de la femme), que la femme reprend à la dissolution du mariage (1). César écrivant pour les Romains n'a pas présenté le fait dans sa simplicité native : il a voulu montrer surtout que le décès avait une influence égale pour les deux époux, ce qui n'avait pas lieu à Rome ; et il n'a pas pris soin d'observer que le mari reprenait les biens comme propriétaire et la femme comme avantagée par le mari.

Le mari gaulois double l'apport de son épouse, comme il l'aurait fait du patrimoine de fait d'un de ses fils : cette masse est à la garde de la femme pendant le mariage : à la mort du mari on ne lui enlève pas ces biens : qu'y a-t-il en définitive dans l'institution décrétée par César? — Un gain de survie pour la femme ! Est-ce là l'origine de la donation à cause de noces? Les empereurs romains du cinquième siècle se sont-ils souvenus de cette tradition gauloise? Nous ne le pensons pas. Que la donation à cause de noces soit le pendant de la dot, la contre-dot fournie par le mari comme la dot de la femme gauloise est doublée par son mari, rien de plus exact assurément. Mais n'allons pas plus loin : rappelons-nous qu'elle s'introduit à une époque où la situation de la femme mariée est devenue égale à celle de son mari et n'a plus rien de commun avec la situation humble et précaire de la femme gauloise du temps de César. Bien plus, et c'est ici que la différence est significa-

---

(1) *Leg. Wall.* A. II, 20, 33. C. *Vén.* II, 1. C. *Dim.* II, 18, 26. V. *Les Celtes, la Gaule celtique*, étude critique. L. de Valroger. IVe partie, c. VIII, § 5.

tive, la dot et la donation à cause de noces ont un
but commun : supporter les charges du mariage par
portions égales, tandis que la dot gauloise dont parle
César est mise à l'abri de toutes les dépenses du mariage, qui restent entièrement à la charge du mari, chef
de famille (1). Cette différence en amène une autre :
la dot gauloise, émanant en définitive de la femme
et du mari, ne peut être que restreinte, tandis que
dans la législation romaine on peut y voir figurer la
totalité du patrimoine de la femme et de celui du
mari. Toute origine gauloise de la donation à cause
de noces malgré ces analogies n'est donc guère plus
probable qu'une origine germanique ou orientale.

Ajoutons d'ailleurs à ces motifs topiques, qui nous
font rejeter toute assimilation de la donation à cause
de noces, avec les institutions analogues des autres
législations, un motif général qui n'a pas moins de
force. Il est peu probable que les législateurs de
Constantinople aient songé à imiter les usages des
Barbares : la tradition romaine est encore là qui ne
veut rien reconnaître en dehors d'elle-même. Et puis
les immenses débris de la splendeur juridique de
Rome sont un champ assez vaste à étudier et à simplifier pour qu'on ne songe pas à compliquer et à grossir
cet inextricable amas de lois et d'usages !

§ 2.

Restons donc dans le droit romain et cherchons
quel est le caractère et quel est le but de la donation

(1) G. Boissonade, *Histoire des droits de l'époux survivant*, liv. II,
ch. 1, p. 122.

à cause de noces telle que nous la montrent les monuments de ce droit qui nous sont parvenus. Nous n'aurons pas d'ailleurs à recourir directement aux sources antérieures au Bas-Empire, car l'institution qui nous occupe ne remonte pas elle-même au delà de cette époque.

Cette apparition relativement récente devrait simplifier le sujet, car les constitutions des empereurs sont généralement intervenues dans un ordre d'idées unique, et l'on n'a pas à tenir compte des transformations que le temps et le travail des écoles ont produites, lorsqu'il s'agit d'institutions plus anciennes : transformations qui modifient parfois les choses jusqu'à en changer absolument le caractère. Malgré ces motifs, il s'est produit plusieurs divergences d'opinions sur la raison d'être de la donation à cause de noces.

Dans un premier système, on n'a voulu y voir qu'une garantie au profit de la femme (1), garantie qui a, dit-on, un double effet : assurer la femme contre la perte de sa dot par le mari, puisqu'elle aura le droit de revendiquer (2) aux mains des tiers les objets aliénés par donation à cause de noces, laquelle revendication est préférable à l'action hypothécaire qui peut toujours être entravée par le remboursement de la créance, et assurer la subsistance de la famille pendant le mariage en cas de déconfiture du mari (3). Il est en effet

---

(1) *Ant. Perezii prælectiones in duodecim libros codicis Justiniani.* L. V, t. III, § 1 ; et Ducaurroy sur le § 3 des *Institutes de Justinien.* L. II, t. VII.

(2) C. L. V, t. III. *De don. ante nupt.,* 20. Justinien.

(3) L. V, t. XII. *De jure dotium,* 29. Justinien.

permis à la femme en pareil cas de retenir les objets donnés par son mari, à l'effet de subvenir aux nécessités de la vie pour elle, son mari et ses enfants. Mais n'anticipons pas sur ce droit spécial, qui a sa place plus loin en dehors de cette discussion.

Dans ce système, si l'on s'attache au premier point de vue, à la garantie de la dot, la donation à cause de noces fait double emploi avec l'hypothèque légale, et cette hypothèque légale est elle-même si puissamment organisée, qu'une institution juridique, qui ne poursuit que le même but qu'elle, semble une superfétation bien inutile. S'arrêter d'autre part à la seconde considération, à cette hypothèse spéciale de déconfiture du mari, où la donation à cause de noces devient une ressource pour la famille, c'est rétrécir singulièrement une institution juridique qui fait l'objet de tant de dispositions, dans la législation byzantine et dont il est fait mention chaque fois qu'il est parlé de la dot. Allons plus loin, c'est prendre une conséquence de la nature de cette institution pour son but même. Nous n'insisterons donc pas sur cette seconde considération dont il suffit de montrer l'application étroite pour la réfuter.

La première est plus grave, elle a été adoptée par de bons esprits et mérite qu'on la discute quand bien même on ne devrait pas s'y arrêter. En effet la donation à cause de noces y devient en réalité une garantie accessoire, et c'est ce caractère même de garantie accessoire que nous ne saurions admettre. Nous n'en voulons pour preuve que cette constitution de Justinien qui refuse expressément à la donation à cause de noces le bénéfice de l'hypothèque légale qu'elle vient d'accorder à la dot (1). Si la donation à cause de noces n'était que la garantie d'un autre droit, concevrait-on qu'elle eût pu être elle-même l'objet d'une garantie hypothécaire? — C'est inadmissible ; et la constitution de Justinien n'aurait pas eu besoin de s'en expliquer. La mention expresse, par laquelle le législateur refuse à la donation à cause de noces la garantie hypothécaire, indiquerait déjà suffisamment son caractère d'institution principale : mais allons plus loin, les termes mêmes dans lesquels il s'explique de cette décision contredisent absolument le système proposé, puisqu'ils font de la donation à cause de noces un gain pour la femme. Et c'est précisément en raison de ce caractère lucratif que Justinien, qui veut bien munir la femme de toutes les garanties possibles pour qu'elle ne perde pas sa dot, lui refuse au contraire un privilège aussi exorbitant, lorsqu'il ne s'agit pour elle que d'un profit à réaliser. *Non enim pro lucro fovemus mulieres sed ne damnum patiantur, suisque rebus defraudentur curamus* (2). C'est précis et concluant : la donation à cause de noces est un profit pour la femme, ce n'est donc pas une garantie de sa dot.

A un autre point de vue on a voulu encore rétrécir les limites dans lesquelles se meut l'institution qui nous occupe. C'est un système allemand qui ne considère dans la donation à cause de noces que le gain assuré à la femme par le prédécès du mari (3). Pour

---

(1) C. L. VIII, t. XVIII. *Qui pot. in pign.*, 12. Justinien, § 3.

(2) C. L. VIII, t. XVIII. *Qui pot. in pign.*, 12. Justinien, § 3.

(3) Warnkœnig, *Kritische Anmerkungen über die neuesten Ansichten von der Donatio propter nuptias (Archiv für die civilitische Praxis*, t. XIII, p. 1).

les partisans de ce système, toutes les dispositions relatives à la donation à cause de noces n'auraient d'autre
but que d'égaliser proportionnellement d'abord,
et même absolument ensuite, les gains de survie que
le mari retire de la dot et ceux qu'il procure à sa
femme par cette donation. En effet, nous avons vu qu'à
l'origine la dot était de droit un gain de survie pour le
mari : à partir de Justinien la dot devient restituable
en toute hypothèse, mais le mari peut encore la gagner
si des conventions dans ce sens ont été faites au moment de la constitution. C'est là toute la force du
système que nous combattons : car ces gains de survie
que la dot procurait au mari devaient être le point
qui réclamait le plus vivement une institution réta-
blissant l'égalité d'avantages entre le mari et la femme;
et ce point de vue spécial peut bien être un des motifs
déterminants d'une institution qui n'a eu d'autre origine que la réciprocité des avantages pécuniaires que
les époux peuvent se procurer par le mariage. Mais de
là à dire que ces gains de survie sont le seul motif de
cette institution et le seul résultat qu'elle ait atteint,
il y a un abîme.

Et d'abord il est manifeste que la donation à cause
de noces a existé avant que les constitutions impériales aient exigé l'égalité dans les gains de survie,
résultant de la dot pour le mari et résultant de la donation à cause de noces pour la femme. Nous avons
vu en effet que cette institution fonctionnait déjà
certainement sous les empereurs Théodose et Valentinien (1) tandis que la première règle d'égalité est

(1) C. L. V, t. XVII. *De repudiis*, 8. Théodose et Valent., § 4.

formulée dans une constitution de Léon et Anthémius (1). Encore cette égalité n'est plutôt qu'une proportion égale soit dans la dot, soit dans la donation, et il ne s'agit pas, loin de là, d'une égalité numérique, *non pecuniæ quantitatem.* Justinien exige, il est vrai, l'égalité absolue, et dans le cas où les gains de survie n'ont pas été stipulés égaux, il réduit le plus considérable de façon à le faire cadrer avec le plus faible : *ut eodem modo uterque minorem partem lucretur* (2). Mais il n'est dit nulle part que ce gain de survie doive absorber la totalité de la donation à cause de noces : bien plus, l'espèce même que prévoit la constitution de Justinien nous prouve manifestement que le gain de survie n'absorbe pas toujours toute la donation puisque, étant donnés des gains de survie inégaux dans la dot et dans la donation à cause de noces, on réduira le plus fort au chiffre du plus faible sans pour cela altérer en rien la quotité générale soit de la donation soit de la dot. Dès lors la donation qui subira une réduction dans le gain de survie qu'elle renferme sans être elle-même réduite contiendra évidemment des dispositions dépassant ce gain de survie.

Les partisans de ce second système ne sauraient échapper à la logique des textes, si désastreuse qu'elle soit pour leur opinion. Il serait en effet impossible que la donation à cause de noces pût excéder le gain de survie si elle n'était, comme ils le prétendent, que ce gain de survie même : puisqu'elle l'excède manifestement, c'est que le gain de

(1) C. L. V, t. XIV. *De pactis conventis tam supra dote*, etc., 9. Léon et Anthémius.

(2) C. L. V, t. III. *De don. ante nupt.*, 20. Justinien.

survie n'est pas sa seule raison d'être et son seul but.

Si nous en voulions encore une autre preuve, nous la trouverions dans une novelle de Léon le Philosophe (1). Il y est attesté que dans l'ancien droit, et l'ancien droit dont il est question c'est le droit de Justinien, la dot retourne à la femme qui l'a constituée, la donation au mari qui l'a faite ou à leurs héritiers respectifs, lorsqu'il n'est pas intervenu de pactes de gain de survie. Il existe donc des donations à cause de noces sans gain de survie. C'est ce que nous trouvions au moins pour partie dans le texte de la constitution de Justinien. Il n'est donc pas possible d'affirmer que la donation à cause de noces n'a d'autre destination que celle de fournir un gain de survie à la femme. Ainsi tombe de lui-même ce point de vue trop restreint, qui tendait à prendre un des aspects de l'institution pour l'institution elle-même, et qui diminuait singulièrement sa portée!

Nous avons réfuté les principales opinions qui se sont fait jour sur la nature véritable de la donation à cause de noces et qui ne nous paraissent pas correspondre aux données exactes relevées dans les différents textes de la matière, il nous reste à tracer la voie dont nous avons écarté les premiers obstacles et à préciser le caractère même de l'institution.

Ce qu'est la donation à cause de noces, l'étude de sa transformation nous l'a déjà montré; et en établissant les raisons qui lui ont donné naissance, nous avons pressenti sa véritable nature. Justinien achève de nous confirmer dans cette idée : il assimile com-

(1) *Novella Leonis*, XX.

plètement la donation à cause de noces à la dot, et en
cela il nous dit qu'il rapporte l'usage et l'avis des
anciens législateurs ; il ne prétend nullement innover.
La donation à cause de noces est la dot du mari dans
le sens le plus étendu : ἀντίφερνα, la contre-dot.
Cette contre-dot ne diffère en rien ni pour le nom ni
pour la substance de la dot véritable, elle émane du
mari et voilà tout (1).

Nous établirons cette assimilation en suivant la
donation à cause de noces dans la manière dont elle
se constitue et dans le régime d'administration et de
propriété auquel sont soumis les biens qu'elle affecte.
Enfin dans un autre chapitre nous suivrons les conséquences de la dissolution du mariage sur les donations à cause de noces. Les dispositions de la législation byzantine nous obligeront constamment à mettre
en regard la dot et la donation à cause de noces.

§ 3.

La donation à cause de noces peut être constituée
soit par le mari lui-même, soit par les personnes sous
la puissance desquelles il se trouve, soit même par
un étranger, c'est-à-dire par une personne avec
laquelle il n'a aucune relation de puissance. C'est le
même principe que nous trouvons pour la dot, formulé par Ulpien : *Dotem dicere potest mulier
quæ nuptura est, et debitor mulieris si jussu ejus
dicat, item parens mulieris virilis sexus per vi-
rilem sexum cognatione junctus, velut pater, avus
paternus. Dare, promittere dotem omnes possunt* (2).

(1) C. L. V, t. III. *De don. ante nupt.*, 20. Justinien.
(2) Ulpien, t. VI, § 2.

C'est d'ailleurs à la dot que nous avons principalement à nous référer : car nulle part des règles complètes ne sont tracées relativement aux donations à cause de noces, mais ici nous y sommes autorisés par les textes du code. L'hypothèse d'une donation à cause de noces fournie par le père du marié y est formellement prévue, et en même temps celle où le fils, ayant des biens personnels, les a constitués lui-même en donation à cause de noces (1). La possibilité d'une pareille donation fournie par un tiers nous est aussi indiquée incidemment par une constitution de Justinien qui assure l'exécution des droits de retour stipulés dans ces donations faites par des tiers (2).

Il est à croire cependant que la donation à cause de noces, bien qu'elle pût être faite par le mari lui-même ou par des étrangers, émanait le plus souvent du père sous la puissance duquel se trouvait le mari. Cet usage résulte de la nature même des choses : car il arrivera le plus souvent que le futur époux n'aura pas de patrimoine avant son mariage, et dans ce cas le père sous la puissance duquel il se trouve sera généralement le premier décidé à faire à la future épouse une donation qui facilitera le mariage.

Un rescrit de l'empereur Justin à Jean, préfet du prétoire, indique d'ailleurs cet usage (3). Il s'agit de régler sur quels biens seront fournies soit la dot, soit la donation à cause de noces, lorsque le futur époux ou la future épouse ont d'une source quelconque des biens personnels, mais que le père de famille sous la puis-

(1) C. L. V, t. XI. *De dotis promiss.*, 7. Justin.
(2) C. L. V, t. XII. *De jure dotium*, 31. Justinien, § 1.
(3) C. L. V, t. XI. *De dotis promiss.*, 7. Justin.

sance duquel ils se trouvent a cependant constitué une
dot ou une donation à cause de noces. La décision
impériale part évidemment de ce principe que la donation à cause de noces, laissons la dot pour le moment,
doit être fournie par le père de famille ; car dans le
règlement d'imputation de cette donation elle lui est
constamment défavorable. En effet, bien que le fils ait
des biens personnels, venant de sa mère ou quelcon-
ques, dont l'usufruit seulement appartienne au père,
ou sur lesquels il ait lui-même quelque action à
exercer, si le père a constitué purement et simplement une donation à cause de noces, elle sera tout
entière acquittée sur les biens personnels du père, et
il ne sera en rien libéré des obligations antérieures
dont il est tenu envers son fils comme usufruitier ou
autrement. Il n'est même pas question de faire con-
tribuer pour partie les biens personnels du futur
époux, ce qui cependant paraîtrait plus conforme à la
justice et qui avait même été proposé ; car le rescrit
témoigne que ce point avait fait l'objet de nombreuses
divergences entre les législateurs. Allons plus loin :
le père a déclaré constituer la donation tant de ses
propres biens et des sommes qui lui sont dues que
des biens maternels du futur et autres dont le père
n'a pas acquis la propriété : il n'y aura pas encore
contribution entre les différentes catégories de biens
pour parfaire la donation ; il faut distinguer seulement si le père est resté riche ou s'il est devenu
pauvre. A-t-il de quoi acquitter la donation : il la
fournira tout entière ! Est-il tombé dans le dénû-
ment, la donation se trouvera constituée sur les biens
qui appartenaient à l'époux antérieurement ! Il im-

porte en effet que le père exprime ce qu'il entend comprendre de son propre bien dans la donation à cause de noces et ce qu'il entend y joindre des biens personnels de son fils. Cette règle d'imputation tracée par le rescrit de Justin n'est évidemment pas très équitable ; mais, ainsi que nous l'observions, elle témoigne par là même du fréquent usage où étaient les pères de famille de fournir eux-mêmes la donation à cause de noces.

Plus tard Léon le Philosophe, frappé de l'iniquité de cette disposition : *Hoc itaque æquitatis subversionem rati sumus*, abrogea la constitution de Justin et établit la distinction suivante qui met le paiement de la donation à cause de noces strictement à la chargé de celui qui l'a promise. Si le père seul a fait la donation, il aura seul à la fournir : il en est de même si c'est le fils. Y ont-ils concouru sans assignation de parts, chacun devra en fournir la moitié. S'il y a eu assignation de parts, on s'en tiendra à cette assignation (1).

De l'usage incontestable où étaient les pères de famille de fournir la donation à cause de noces, conclurons-nous qu'ils étaient tenus de le faire? Cette obligation est certaine lorsqu'il s'agit pour un père de doter sa fille : elle découle des lois Julia et Papia Poppœa (2). Mais il n'était nullement question alors de la donation à cause de noces, et il est impossible de supposer que ces lois aient visé aussi implicitement les rapports du père de famille avec son fils. Cependant si l'on

(1) *Nov. Leonis*, XXI.
(2) D. L. XXIII, t. II. *De ritu nupt.*, 19. Marcien.

considère que la donation à cause de noces, s'établissant par le progrès des mœurs, suit en tout une marche parallèle à la dot ; que du jour où elle commence à se produire, il n'existe plus un texte traitant de la dot qui ne contienne en même temps une mention expresse de la donation à cause de noces, on sera facilement conduit à dire qu'en cette matière comme dans les autres la donation à cause de noces a revêtu la nature de la dot et que par conséquent il y a obligation pour le père de famille de faire une donation à cause de noces à la future épouse de son fils.

On n'en doutait pas au temps de Justin : les termes du rescrit impérial sont formels : *Neque enim leges incognitæ sunt quibus cautum est omnino paternum esse officium, dotem vel antè nuptias donationem pro sua dare progenie* (1). Mais les lois qu'il n'est pas permis d'ignorer au temps de Justin nous sont à nous parfaitement inconnues, et il est bien à croire qu'aucun texte formel n'avait appliqué la disposition des lois Julia et Papia Poppœa à la donation à cause de noces. Mais il est probable que l'usage avait consacré cette extension et, en considérant que la donation à cause de noces était de même nature que la dot, on pouvait dire que la loi obligeait le père de famille à fournir la donation à cause de noces.

Des dispositions spéciales nous confirment d'ailleurs dans cette pensée : ce sont celles qui sont relatives au mariage des enfants d'un fou. On discuta longtemps dans l'ancien droit, ainsi que le constate

_____

(1) C. L. V. t. XI, *De dotis promissione*, 7. Justin.

Justinien, la question de savoir si les enfants d'un père
fou pouvaient contracter mariage. On l'admit facilement pour les filles, parce que de leur union ne nais-
saient pas d'héritiers siens pour le fou. A leur égard
on établit cette règle que le consentement du père
s'induisait du simple fait qu'il ne contredisait pas (1).
Pour le fils de famille en puissance ce fut plus long :
mais une constitution de Marc-Aurèle qui ne parle
que des fous permet le mariage de leur fils même
sans le concours d'un rescrit impérial. (2) Justinien
étend cette disposition aux enfants du *furiosus* et
dispose en même temps qu'il sera suppléé à l'incapacité du père pour la constitution soit d'une dot soit
d'une donation à cause de noces. C'est le curateur du
père qui règle cette donation, assisté des principaux de
la famille et en présence du préfet de la ville à Constantinople, et dans les provinces du président ou de
l'évêque. Cette fixation ne devra entraîner aucun frais,
car un tel malheur ne doit pas s'augmenter d'une
vaine dépense des biens du fou, comme il est écrit
dans la constitution de Justinien. Pour la quotité de
la donation, on prendra pour base la fortune et la
situation du fou ainsi que la convenance du mariage (3).

On ne supplée pas un incapable lorsqu'il s'agit pour
lui de faire un acte purement facultatif, on s'abstient
et voilà tout : on le supplée au contraire lorsqu'il
s'agit pour lui de remplir une obligation, et de ce chef
nous croyons pouvoir dire que la constitution de Justinien, concordant d'ailleurs avec celle que nous avons

(1) D. L. XXIII, t. I. *De sponsalibus*, 7. Paul. § 1.
(2) C. L. V, t. IV. *De nuptiis*, 25. Justinien.
(3) D. L. XXIII, t. III. *De jure dotium*, 60. Celsus.

citée plus haut implique pour le père de famille l'obligation de constituer une donation à cause de noces pour son fils encore sous sa puissance.

La constitution de la donation à cause de noces peut être faite sous des conditions de retour au constituant, ou au mari. Mais pour que le retour s'effectue, il faut que le donateur ait accompli les formalités ordonnées soit de la constatation de la donation par écrit, soit de l'insinuation (1). L'exécution de ces formalités aura son plein effet aussi bien à l'égard du mari qu'à l'égard de la femme. Si les conditions s'accomplissent et que le droit de retour ait été convenu au profit du mari, il recueillera les biens qui en sont l'objet, sans que le donateur y puisse prétendre. Si le droit de retour avait été convenu à l'inverse, au profit de ce donateur, lui seul en bénéficierait, le cas échéant.

Remarquons que l'inaccomplissement des formalités de la donation à cause de noces ne peut infirmer en rien cette donation, lorsque la femme est mineure et n'a pas eu l'assistance paternelle (2). L'insinuation n'est pas exigée non plus lorsque la donation n'atteint pas trois cents solides (3). Dans ces deux hypothèses on peut joindre à la donation à cause de noces des conditions de retour tant au profit du mari qu'au profit d'un tiers, et rien n'empêchera ces conditions de sortir leur effet, aussi bien que dans l'hypothèse où les formalités étaient nécessaires et où elles ont été remplies.

Ce droit de retour au constituant n'est pas seule-

(1) L. V, t. XII. *De jure dotium*, 31. Justinien, § 1.
(2) C. L. V, t. III. *De don. ante nupt.*, 17. Théod. et Valentinien.
(3) C. L. V, t. LIX. *De donationibus*, 34. Justinien.

ment conventionnel, il existe au profit du père qui a fait la donation, par la seule disposition de la loi. C'est ce qui a lieu pour la dot profectice, qui fait retour au père donateur lorsque la femme meurt dans le mariage (1). Quant à la donation à cause de noces le même motif se présente : « *Prospiciendum est enim ne hac injecta formidine, parentum circa liberos munificentia retardetur* (2) ». Il ne faut pas que la crainte de perdre absolument ce qu'ils ont donné, au cas où leur fils ou leur fille mourrait pendant le mariage, entrave leur libéralité. D'autre part, le texte qui rappelle incidemment ce principe, à propos des droits acquis aux ascendants sur les biens de leurs enfants en puissance, met sur la même ligne la dot et la donation à cause de noces. C'est établir un parallèle tout indiqué déjà par la nature des choses et qui nous permet de ne plus mettre en doute l'extension de la règle du retour légal de la dot à sa contre-partie, c'est-à-dire à la donation à cause de noces.

En continuant à analyser les caractères spéciaux de la donation à cause de noces et particulièrement ceux qui établissent son assimilation complète avec la dot, nous constaterons que cette donation est soumise à la nécessité du rapport. La donation à cause de noces faite par les père et mère, ascendants ou ascendantes de la ligne paternelle ou de la ligne maternelle devra être rapportée à la succession de ces donateurs toutes les fois qu'il y aura lieu au partage *ab intestat* entre les héritiers. Que ce partage soit nécessité par

(1) Ulpien, VI, 4.
(2) C. L. VI, t. LXI. *De bonis quæ liberis in potestate*, etc. 2. Théodose et Valentinien.

l'absence d'un testament ou autrement, c'est-à-dire si on a obtenu une « *bonorum possessio contra tabulas* », ou encore si le testament a été rescindé par une « *querela inofficiosi testamenti* (1) ». Il n'y a pas lieu de distinguer si la donation à cause de noces a été faite directement par le père ou l'ascendant, à la femme de son descendant, ou bien s'il a fait lui-même une donation pure et simple à son descendant, donation que celui-ci aurait immédiatement transformée au profit de sa femme en donation à cause de noces. C'est en effet là une simple question de forme, puisqu'au fond les objets de la donation sont les mêmes ainsi que le but et le résultat.

Ce principe du rapport de la donation à cause de noces engendre une conséquence, que ne manque pas de signaler et de sanctionner un rescrit de l'empereur Léon au titre « *De inofficioso testamento* (2) ». Cette donation ainsi que la dot devront figurer dans l'estimation de la quarte légitime et contribueront ainsi à entraver la « *querela inofficiosi testamenti* », au cas où le testateur aurait, d'une manière ou d'une autre, fourni à ses enfants ou descendants cette quarte légitime que leur assure la loi romaine.

L'assimilation était complète, on le voit, entre la dot et la donation à cause de noces au point de vue au moins de leur constitution. On peut encore constater que l'une et l'autre engendrent les mêmes droits entre le tiers qui les a constituées et l'époux pour lequel la constitution est faite, droits de retour légal suivant les cas ou de retour conventionnel. Mais à

(1) C. L. VI, t. XX. *De collationibus*, 17. Léon.
(2) C. L. III, t. XXVIII. *De inoff. testam.*, 29. Zénon.

l'inverse, nous ne pouvons passer sous silence une différence toute de forme, il est vrai, que nous rencontrons entre ces deux institutions : différence dont l'origine même de la donation à cause de noces est la seule raison d'être.

Nous avons vu en effet qu'elle ne fut qu'une transformation de la donation anténuptiale du futur à sa future épouse. Ces donations anténuptiales étaient de pures libéralités dans le sens strict du mot, et ce caractère persista longtemps encore après que la dot n'était plus guère considérée comme une donation de la femme au mari. Dès lors considérée comme une pure libéralité, la donation à cause de noces ne pouvait pas être augmentée pendant le mariage, encore moins être constituée. Cette considération, transportée à une époque où la donation à cause de noces, dans la réalité des choses, n'a plus rien d'une donation du mari à sa femme (en dehors des gains de survie qu'elle peut contenir), était une absurdité : disons plus, une injustice, et la législation byzantine dut y porter remède. Une constitution de Justin permet au mari d'augmenter la donation à cause de noces pendant le mariage, pourvu que la dot subisse en même temps une égale augmentation (1). Bien plus, s'il n'existait pas à l'origine du mariage de donation à cause de noces, on pourra en constituer une pendant le mariage, à condition qu'elle soit compensée par une somme ou une quantité égale, dont on augmentera en même temps la dot. Le motif de cette disposition est de favoriser les constitutions de dot : « *Ne cum negetur*

(1) C. L. V, t. III. *De don. ante nupt.*, 19. Justin.

augendæ potestas donationis, dotis etiam pigrius constituatur augmentum ». Quant aux conventions relatives à la restitution de la donation à cause de noces ou aux gains de survie qu'elle contient, on peut les étendre aux choses données en augmentation, ou les restreindre aux donations primitives, en soumettant les donations nouvelles à des conditions différentes.

La faculté d'augmenter d'une somme égale pendant le mariage la dot et la donation à cause de noces entraîne comme corollaire celle de les diminuer dans les mêmes termes, c'est-à-dire proportionnellement. La constitution impériale restreint toutefois ce droit lorsque les époux ont déjà des enfants d'un premier mariage. C'est une précaution contre des manœuvres qui pourraient tendre à les dépouiller : manœuvres que le législateur redoute toujours dans les seconds mariages.

Quelques années après, Justinien compléta l'innovation de son père (1). Le principe dont il s'inspire est plus large et plus vrai. Pour lui la donation à cause de noces ne diffère plus de la dot : comme celle-ci elle n'a qu'une similitude de nom avec la donation véritable : dès lors pourquoi laisser subsister entre elles une différence que rien ne justifie. Ne doit-on pas être plus large pour la donation à cause de noces qui profite à la femme que pour la dot qui profite au mari ? Et l'empereur, qui a mis tant de soin à empêcher que le patrimoine des femmes mariées ne fût dissipé au profit de leurs maris n'hésite pas à supprimer toutes les entraves qui arrêtent les dona-

(1) C. L. V, t. III. *De don. ante nupt.*, 20. Justinien.

tions à cause de noces. Elles pourront, comme la dot, être constituées pendant le mariage, sans qu'il y ait aucune corrélation nécessaire entre cette augmentation et celle de la dot.

Cette disposition achevait d'ôter toute portée pratique aux termes jusque-là employés de « *donatio ante nuptias* » pour qualifier l'institution qui nous occupe. Aussi est-ce à cette occasion que Justinien changea ce nom et en fit la « *donatio propter nuptias.* » C'est là ce changement si pompeusement annoncé aux Institutes [1] et qui nous a servi à distinguer même dans la terminologie, la véritable donation à cause de noces « ἀντίφερνα », de la donation « *ante nuptias* » primitive qui en a été l'origine.

Considérée comme une donation véritable jusqu'au rescrit de Justinien que nous venons de parcourir, la donation à cause de noces était soumise à la nécessité de l'insinuation. De ce chef encore la législation appelait une modification et la donation à cause de noces devait, comme la dot, être dispensée de cette formalité qui n'était plus en rapport avec sa véritable nature. Justinien commença par autoriser l'insinuation même après le mariage [2]. C'est un a fortiori puisqu'il autorisait la donation elle-même. Mais il a grand soin en même temps de maintenir dans leur intégrité les dispositions relatives aux pures donations entre mari et femme. Cette précaution est bonne à relever pour confirmer les notions vraies que nous avons déjà rencontrées et qui caractérisent si nettement la donation à cause de noces : institution qui n'a plus de la dona-

[1] Inst. L. II, t. VII. *De donat.*, 3.
[2] C. L. V, t. III. *De don. ante nupt.*, 20. Justinien, § 1.

tion que le nom et qui a en réalité son existence propre.

Revenant sur ce principe et en tirant la conclusion définitive, la novelle CIX dispense complètement la donation à cause de noces de la formalité de l'insinuation : « *Sponsalitiam largitatem, contractum specialem esse et judicari et non aliis donationibus connumerari per præsentem sancimus legem* (1). » C'est bien le principe que nous avons énoncé.

§ 4.

Le parallèle que nous avons établi entre la dot et la donation à cause de noces, au point de vue de leur constitution réciproque, se présente avec la même évidence et la même énergie, si nous recherchons la destination pendant le mariage des biens qui en font l'objet, et le caractère véritable dont ils sont affectés.

Comme la dot devient la propriété du mari, de même la donation à cause de noces devient en principe au moins la propriété de la femme. Cette propriété n'est pas absolue sans doute : elle n'a pas le caractère définitif qu'emporte une donation ordinaire, nous le verrons tout à l'heure, mais on ne peut pas néanmoins lui refuser cette dénomination. Tous les textes qui se réfèrent à notre institution sont trop formels : la disposition même des matières dans le code est pour nous. Le législateur réunit sous la même rubrique les anciennes donations pures et simples entre futurs époux dont l'effet immédiat et définitif n'est pas douteux et

(1) Nov. CIX. C. 1.

les donations à cause de noces (1) : il s'agit donc bien dans l'un et l'autre cas de donations réelles, capables d'investir le donateur d'une propriété nouvelle.

Cette induction d'ailleurs est confirmée par des textes : « *Si quis….. ante nuptias donationem nupturæ mulieri dederit* (2). » C'est à la femme qu'on a donné et d'ordinaire l'expression de « *dare* » n'a pas d'autre sens que celui de transférer la propriété d'un objet d'une personne à une autre. Ce n'est pas tout : le même texte nous montre, comme nous l'avons vu plus haut, que la donation à cause de noces est soumise à la formalité de l'insinuation, au moins à l'origine. Ceci est caractéristique, c'est pratiquement le criterium de la donation, car nul autre acte juridique n'est soumis à la même règle. Jusqu'à preuve du contraire il faut bien reconnaître à cette donation le même effet qu'aux autres, c'est-à-dire une translation de propriété du donateur à la femme donataire.

Cette propriété a pour sanction une « *rei vindicatio* » ; encore un caractère indéniable du droit réel (3). Il est vrai que cette « *rei vindicatio* » que les textes nous indiquent a une application spéciale : elle ne s'exerce pas dans toutes les hypothèses : mais pour que dans une hypothèse donnée elle puisse s'exercer, il faut qu'elle existe au moins en germe, dans l'institution qui nous occupe. Que dans la plupart des cas des considérations extérieures empêchent ce germe de se développer, ceci n'infirme en rien notre conclusion. La donation à cause de noces transfère

(1) C. L. V, t. III. *De don. ante nupt.*
(2) C. L. V, t. XII. *De jure dotium*, 31. Justinien, § 1.
(3) C. L. V, t. XII. *De jure dotium*, 29. Justinien.

à la femme la propriété des choses données de la même manière que la constitution de dot transfère au mari la propriété des choses dotales.

Ce droit de propriété est fort imparfait, il n'est que fugitif, puisque la femme reprend sa dot à la dissolution du mariage, au moins dans le dernier état du droit et lorsqu'il n'existe pas de gain de survie au profit du mari. Il en est de même pour la donation à cause de noces ; elle fera retour au mari à la dissolution du mariage, dans tout ce qui ne sera pas transformé en gains de survie au profit de la femme.

On peut analyser cette situation spéciale de la manière suivante : les objets composant la donation à cause de noces appartiennent en droit strict à la femme, comme la dot appartient en droit strict au mari pendant la durée du mariage. Mais les progrès juridiques ont rendu la dot essentiellement restituable : la donation à cause de noces est née à une époque où la dot a déjà ce caractère ; les jurisconsultes ne peuvent pas perdre de vue ce principe et il se produit naturellement que la considération de la nécessité future de cette restitution de la dot et de la donation à cause de noces influe, dès l'époque de la constitution, sur leur nature même pendant le mariage. C'est ainsi qu'on en arrive à dire que la dot reste naturellement la propriété de la femme (1) et la donation à cause de noces naturellement aussi la propriété du mari (2). Il y a ainsi comme deux propriétés, l'une historique et l'autre de fait. C'est la seule manière d'expliquer la novelle XXII, où Justinien nous dit que la dot est le

(1) Marezoll, *Droit privé des Romains*, p. 338.
(2) C. L. V, t. XII. *De jure dotium*, 30. Justinien.

propre de la femme comme la donation à cause de noces est le propre du mari (1). Si l'on ne tenait pas compte de ces considérations, on en arriverait forcément à une antinomie entre les textes où la « *rei vindicatio* » est établie formellement, et le texte de la novelle. Ainsi, au contraire, tout se justifie : la donation à cause de noces continue à suivre un développement parallèle à celui de la dot, conforme ainsi à son but qui est de compenser au profit de la femme les avantages que le mari retire de la dot.

Pendant le mariage la donation à cause de noces, bien qu'en droit strict, propriété de la femme, reste en l'administration et en la jouissance du mari. C'est comme pour la dot une conséquence de la raison d'être de l'institution. L'une et l'autre en effet puisent leur source dans la nécessité de constituer un patrimoine spécial pour subvenir aux charges du mariage ; il est rationnel que l'une et l'autre restent aux mains de celui qui a à supporter ces charges, c'est-à-dire du mari. Seulement les moyens de produire ce résultat ne sont pas les mêmes pour la dot et pour la donation à cause de noces : la dot est mise à la disposition du mari, la donation à cause de noces reste entre ses mains. Cette différence contribue à jeter des doutes sur la nature véritable de la donation à cause de noces ; il n'est pas étonnant qu'elle ait été un des points de départ du système discuté plus haut, où l'on se refuse à voir, dans la donation à cause de noces, autre chose que les gains de survie qu'elle peut contenir.

(1) *Nov.* XXII. C. XX, § 1.

Il est certain qu'en réalité, jusqu'à la dissolution du mariage, les biens donnés à la femme ne différeront guère, sauf l'inaliénabilité qui les frappe (1), des biens restés la propriété du mari, si aucun fait anormal, comme la déconfiture du mari, ne vient troubler l'ordre naturel des choses. Mais ne peut-on pas concevoir, malgré ce résultat, qui n'est que la conséquence des faits, un droit de propriété qui existe d'une façon théorique mais réelle, vestige de l'origine primitive de l'institution et consacrée d'ailleurs par les allusions certaines des textes ? N'avons-nous pas vu se perpétuer pendant des siècles une fiction juridique bien autrement difficile à admettre, établissant un double droit de propriété, le domaine bonitaire et le domaine quiritaire !

L'administration et la propriété sont deux droits distincts. Nous avons cité des textes qui indiquent le droit de propriété de la femme sur la donation à cause de noces, nous n'en trouverions pas attestant son droit d'administration sur ces biens ou constatant simplement qu'ils ont été mis à sa disposition. C'est qu'évidemment, le mari reste administrateur des biens donnés ; et la constitution de Justinien, qui permet à la femme, dans une hypothèse donnée, de reprendre cette administration, est une preuve irréfragable qu'elle ne l'a pas dans le cours naturel des choses (2).

Le droit d'administrer ne comporte pas pour le mari le droit d'aliéner l'objet de la donation à cause de noces : c'est la même règle que pour la dot.

Cette règle d'inaliénabilité de la donation à cause de

(1) *Nov.* LXI.
(2) C. L. X, t. XII. *De jure dotium*, 29. Justinien.

noces est développée dans la novelle LXI. Elle est absolue quant au mari et quant à celui qui a constitué la donation. Pour ce dernier, c'est logique : il s'est dépouillé, il n'était pas possible de lui permettre de revenir sur sa donation en grevant d'hypothèques ou en aliénant les objets dont il avait disposé au profit de la femme. Quant au mari, l'interdiction peut se justifier en théorie par ce principe que nous avons énoncé, qu'il n'est pas propriétaire de la donation à cause de noces, et dans tous les cas par un motif de protection pour la femme : « *Quod enim semel vinculis sponsalitiæ largitatis obligatum est non erit conveniens alienari : ut mulier eveniente forsitan lucro.... difficultatem patiatur..... quatenus illi aut sit omnibus modis inadibilis vindicatio, aut difficilis* (1). Aussi en pareille hypothèse toute convention intervenue postérieurement à la donation à cause de noces, et relative aux biens qui la composent, est-elle considérée comme non avenue: « *æqualia erunt non scriptis nec dictis.* »

Si la femme est intervenue elle-même pour consentir à l'hypothèque ou à l'aliénation il faut appliquer la règle énoncée au code (2) : cette intervention n'a de valeur qu'autant que le consentement de la femme aura été donné deux fois, à deux années d'intervalle. Un consentement donné une fois ne vaut pas : la femme peut s'être laissé influencer par son mari et n'avoir pas compris l'importance de ce qu'elle faisait.

(1) *Nov.* LXI, § 1.
(2) C. L. IV, t. XXIX. *Ad senatusconsultum velleianum*, 22. Justinien.

Mais voici où Justinien dépasse les règles qu'il avait tracées lui-même à propos de l'intercession : même dans le cas où la femme aurait donné son consentement à l'aliénation ou à l'hypothèque portant sur les biens compris dans la donation à cause de noces, ce consentement n'aura de valeur, qu'autant qu'il y aura d'autres biens sur lesquels elle pourra retrouver, au moyen de ses reprises, l'équivalent de la donation à cause de noces ou plutôt des gains de survie qu'elle contient pour elle. S'il n'y en a pas il est impossible à la femme, aussi bien qu'au mari, d'aliéner et d'hypothéquer les biens compris dans la donation à cause de noces. Cette interdiction, ajoute Justinien, est aussi bien dans l'intérêt du mari que dans celui de la femme, car en définitive ce qui dans le patrimoine des époux est rendu inaliénable profite avant tout aux enfants communs nés du mariage. C'est le même principe que pour la dot, ainsi que l'observe le législateur : la novelle 61 applique seulement à la donation à cause de noces les dispositions qui réglaient déjà celle-ci. « *Et multo potius hæc in dote valebunt, si quid dotis aut alienetur aut supponatur : jam enim hæc sufficienter delimata atque sancita sunt* (1). »

Toutefois en dehors de cette sauvegarde d'inaliénabilité pour la donation à cause de noces, les tiers conservent tous les droits qu'ont pu leur donner contre le mari la convention d'hypothèque ou l'aliénation : c'est-à-dire soit les indemnités qu'ils peuvent réclamer de lui pour avoir été frustrés dans leur attente, soit

(1) Nov. LXI, c. 1, § 3.

la revendication ou l'action hypothécaire sur ses autres biens, si l'hypothèque ou l'aliénation portait en même temps sur des biens non compris dans la donation à cause de noces. Le but unique que poursuit le législateur est en effet de maintenir dans leur intégrité tous les avantages que confère à la femme la donation à cause de noces.

La règle de l'inaliénabilité a soulevé à propos de la dot une question très grave. On s'est demandé si les termes de la constitution de Justinien au titre « *de Jure dotium* (1) » ne permettaient pas de croire que l'inaliénabilité s'appliquait aussi bien aux meubles qu'aux immeubles. Sans résoudre cette importante question sur laquelle l'obscurité des textes laisse encore des doutes, nous constatons seulement qu'elle ne peut guère être soulevée à propos de la donation à cause de noces. Les rapports intimes qui unissent ces deux institutions, nous ont souvent conduits dans le silence des textes, à compléter les règles de la donation à cause de noces par celles de la dot : mais il ne saurait être question de raisonner par analogie quand il y a des dispositions formelles. Or l'inaliénabilité des immeubles compris dans la donation à cause de noces est parfaitement réglée par la novelle LXI ; et loin d'avoir l'ambiguité du texte du Code au titre « *De jure dotium*, la novelle, sa rubrique même est formelle, ne rend inaliénables que les immeubles ; il est permis d'en conclure que les meubles compris dans la donation restent régis par le droit commun, autrement dit, restent aliénables (2).

(1) C. L. X, t. XII. *De jure dotium*, 30. Justinien.
(2) Nov. LXI.

Le droit pour le mari d'administrer la dot et la
donation à cause de noces peut subir une interruption
même pendant le mariage : le droit qu'on lui retire
est donné à la femme (1). Nous avons déjà fait allusion à cette disposition spéciale, c'est ici le moment
de l'analyser. Il faut supposer le mari tombant en
déconfiture pendant le mariage : la femme aura le
droit, à l'encontre des créanciers du mari, de retenir
entre ses mains sa dot, la donation à cause de noces
et les autres donations à elle faites en dehors de la
dot. Et si les créanciers s'en sont emparés d'une
façon quelconque, elle pourra les revendiquer entre
leurs mains, absolument comme elle l'eût fait après
la dissolution du mariage et dans les mêmes conditions. Mais le droit de la femme sur ces biens est
loin d'être absolu : elle n'a aucun droit de disposition : elle ne peut qu'en utiliser les fruits pour sa
vie, celle de son mari et celle de ses enfants. Les
créanciers du mari conservent tous leurs droits sur
les biens de celui-ci si, plus tard il en acquiert, et
ce droit spécial de jouissance pendant le mariage ne
modifie en rien les droits respectifs qu'auront les
époux, tant sur la dot que sur la donation à cause de
noces, à la dissolution du mariage. Ces droits seront
réglés définitivement d'après les conditions qui ont
été convenues au moment où la dot et la donation à
cause de noces ont été constituées.

Il peut arriver ainsi que ces biens, mis hors de la
portée des créanciers du mari pendant le mariage,
deviennent leur sûreté après sa dissolution : ceci aura

(1) C. L. V, t. XII. *De jure dotium*, 29. Justinien.

lieu pour les gains de survie, qui, une fois acquis au mari, rentrent dans cette catégorie de choses « *quas fortè acquisierit* » et redeviennent le gage de ses créanciers non payés (1).

CHAPITRE III

DES EFFETS DE LA DISSOLUTION DU MARIAGE SUR LA DONATION A CAUSE DE NOCES

§ 1.

Il résulte des différentes dispositions que nous venons de parcourir que la donation à cause de noces et la dot se correspondent à peu près exactement pendant la durée du mariage. Il ne subsiste guère en effet, entre elles, que les différences qu'entraînent nécessairement leurs origines respectives : la dot émanant de la femme, la donation à cause de noces du mari.

Cette assimilation toutefois, qui fait bien de la donation à cause de noces le pendant de la dot, ne procure réellement à la femme tout l'avantage que la dot procure au mari qu'après la dissolution du mariage. C'est à ce moment-là en effet qu'à l'origine le mari retirait de la dot l'avantage le plus considérable, c'est-à-dire l'appropriation définitive à son profit des objets constitués en dot. Introduite à une

(1) C. L. V, t. XII. *De jure dotium*, 29. Justinien.

époque où cette acquisition définitive de la dot par le mari survivant était le droit commun pour la dot adventice, et dans le but tout spécial de compenser cet avantage exorbitant, la donation à cause de noces dut être gagnée par la femme. Ce caractère primitif d'ailleurs peut seul la rapprocher assez des anciennes donations pures et simples usitées entre futurs époux, pour expliquer la confusion de noms, qui continua à régner entre des institutions fort différentes en définitive.

Un texte du recueil théodosien confirme d'ailleurs ce point de vue : c'est une novelle de Valentinien qui prévoit le cas où le mari ou la femme en prédécédant laissent leur père et mère ou l'un deux. En pareil cas le mari survivant ou la femme survivante ne gagneront plus que la moitié de la dot ou de la donation à cause de noces (1). Puisque le législateur juge à propos de réduire le gain de la femme, c'est bien qu'elle acquérait définitivement la donation à cause de noces par le prédécès de son époux : conclusion que nous avions déjà tirée des circonstances de son apparition.

Justinien ne se contente pas de cette réduction dans les gains de survie, il rend la dot restituable dans tous les cas, en sous-entendant toujours une stipulation de retour (2). La donation à cause de noces suit le même sort, car déjà sa destinée est liée à celle de la dot. En dehors de pactes exprès, à la dissolution du mariage par le décès d'un des époux, le survivant et les héritiers du défunt reprennent chacun ce qu'ils ont apporté. Léon le Philosophe, qui rapporte l'état de la législation

(1) *Nov. Valent.* Liv. III, c. xii.
(2) C. l. V, t. XIII. *De rei uxoriæ. L. un.* Justinien. Pr.

au temps de Justinien, le dit positivement. La dot retourne à la femme, la donation à cause de noces au mari (1).

Dès lors le système primitif est absolument renversé : on n'a plus à stipuler que la donation à cause de noces fera retour au mari, elle lui revient au contraire naturellement, si elle ne contient pas au profit de la femme· de pacte de gains de survie. Remarquons toutefois qu'un droit de retour au profit du tiers constituant, si ce n'est pas le mari lui-même qui a constitué la donation à cause de noces, devra toujours être convenu expressément. Car en dehors d'une convention expresse cette donation ferait retour au mari. Singulier résultat où la logique du droit romain se manifeste puissamment ! On ne songe pas à modifier les dénominations, mais la pensée première, génératrice, suit son cours et se développe conforme à elle-même et à son principe. On voit déjà se former les premières lignes du patrimoine conjugal tel que le concevront les sociétés suivantes.

A partir de Justinien, les gains de survie ne résultent plus que de la convention des parties. C'est la règle; mais il est cependant une hypothèse où le législateur les sous-entend : c'est lorsqu'une dot a été constituée avec des pactes de gains de survie au profit du mari : la donation à cause de noces faite après et sans conventions spéciales sera affectée des mêmes pactes que la dot : *Re ipsa videatur hoc esse pactum ut secundum dotales conventiones intelligantur et in tali donatione pacta fuisse conventa, ut æquis pas-*

_____

(1) *Novella Leonis*, XX.

sibus utraque ambulet tam dos quam donatio (1).

Le législateur ne se contenta pas de suppléer les pactes de gains de survie dans les donations à cause de noces, il les réglementa avec une grande précision. Léon et Anthemius disposèrent d'abord que les gains de survie devaient porter sur une même proportion, soit de la dot soit de la donation à cause de noces. Toute convention portant atteinte à cette proportion ne pouvait être d'aucun effet. Et il importe peu que la donation soit constituée par le mari lui-même ou par des tiers (2).

Mais cette égalité de proportions n'entraînait nullement une égalité numérique dans les gains de survie, puisque la dot et la donation à cause de noces pouvaient être de quantités très différentes. Justinien, peu confiant dans la clairvoyance des époux, vit dans cette règle un moyen grossier pour l'une des parties de tromper l'autre, en lui cachant sous cette égalité purement fictive une inégalité réelle souvent considérable. Il en donne un exemple frappant dans sa constitution même, et le remède qu'il imagine à cette fraude possible est d'exiger une égalité non pas seulement dans le gain de survie, mais dans la constitution de la dot et de la donation à cause de noces elles-mêmes (3). Assurément il eût été plus simple de laisser absolument de côté la règle des empereurs Léon et Anthemius, et d'exiger seulement l'égalité numérique dans l'expression des gains de survie. D'autant plus que la nouvelle

(1) C. L. V, t. III. *De don. ante nupt.*, 20. Justinien. *In Anth.*, 61.
(2) C. L. V, t. XIV. *De pactis conventis tam supra dote*, etc., 9. Léon et Anthemius.
(3) Nov. XCVII, c. I.

règle était à peu près inapplicable, et bien que Justinien ait soin de faire remarquer qu'il y a d'autres moyens légitimes et reconnus par les lois qui permettent à l'époux plus fortuné de faire des avantages à celui qui l'est moins, il est certain que l'inégalité de richesses devait toujours avoir comme suite nécessaire l'inégalité de la dot et de la donation à cause de noces. Aussi la règle posée par Justinien dut-elle tomber promptement en désuétude. Léon le Philosophe, qui prétend rétablir la législation de ce prince, ne prescrit nullement cette égalité dans la constitution soit de la dot, soit de la donation à cause de noces, et exige seulement l'égalité dans les pactes de gains de survie (1).

§ 2.

La dissolution du mariage par le divorce a des effets tout différents de ceux que nous venons de voir. Ici la convention des parties fait place à la sanction législative. Il y a de justes motifs de divorce ; la loi les énumère (2). Mais celui des époux qui abandonne l'autre en dehors de ces justes motifs perd à la fois la donation à cause de noces et la dot. Au contraire s'il existe un juste motif de divorce, celui qui par sa faute y a donné lieu, que ce soit le mari ou la femme, perdra à la fois et la donation à cause de noces et la dot qui profiteront toutes les deux à l'autre époux (3).

(1) *Novella Léon.* XX.
(2) C. L. V, § XVII. *De repudiis,* 8. Théodose et Valentinien.
(3) C. L. V, t. XVII. *De repudiis,* 8. Théod. et Valent., § 4 et 5.

L'une lui revient naturellement, puisqu'il n'y a pas lieu d'appliquer les pactes de gains de survie, l'autre lui est attribuée par le pur effet de la loi (1).

Mais s'il existe des enfants de ce mariage qu'a rompu le divorce, celui des époux auquel ont été attribuées la dot ou la donation à cause de noces devra conserver pour eux cette sorte de profit, qui ne lui a été attribué que pour punir la faute de l'autre époux. Il n'a nullement la faculté de l'aliéner. Un seul droit lui restait, c'était d'en faire bénéficier un quelconque ou plusieurs de ses enfants à son choix, mais une novelle de Justinien lui enleva même ce droit, en donnant à chacun des enfants sur ces biens des droits égaux (2).

L'idée de protéger les enfants issus du mariage amena également une autre disposition dans le même ordre d'idées. Justinien enlève au père et à la mère survivante la propriété des gains de survie qu'ils peuvent retirer soit de la dot soit de la donation à cause de

(1) Il existe encore une autre hypothèse toute spéciale, où la loi enlève aux biens compris dans la donation à cause de noces la destination que leur avait donnée la volonté des parties. Ceci se présente lorsqu'un mariage est contracté contrairement aux lois ou aux constitutions impériales. Un rescrit de Théodose et Valentinien décide en pareil cas que la donation à cause de noces ainsi que toute autre libéralité des époux l'un à l'autre sera revendiquée par le fisc. La rigueur de cette décision ne reçoit de tempérament qu'au cas où le mariage a été contracté par suite d'une erreur ou du jeune âge des parties; auquel cas cependant pour échapper à la confiscation ils devront se séparer sans délais dès que l'erreur sera découverte ou qu'ils auront atteint l'âge légitime. (C. L. V, t. V. *De Incest. nupt.*, 4. Théod. et Valent.) Cette disposition, d'ailleurs d'un ordre tout exceptionnel, ne saurait être considérée autrement que comme une peine pour les parties.
(2) Nov. XXII, c. xxv.

noces : ils n'en gardent que l'usufruit, la propriété appartient aux enfants (1). Cette innovation a même un effet quasi-rétroactif, car le dispositif de la loi énonce qu'elle s'appliquera même aux époux dont le mariage est déjà rompu, pourvu qu'un d'eux subsiste encore. Mais cette règle ne fut pas maintenue dans son intégrité. En sus de son usufruit, il fut accordé à la femme une part d'enfant en pleine propriété dans les gains nuptiaux provenant de la donation à cause de noces, à condition qu'elle s'abstînt de tout nouveau mariage (2).

Une pareille disposition d'ailleurs concorde parfaitement avec cette législation compliquée du Bas-Empire, où tout un titre du code est consacré à énumérer les déchéances qu'encourt la femme en se remariant : déchéances qui la frappent toujours en première ligne par la perte de ses gains nuptiaux (3).

§ 3.

Malgré la diversité d'origine qui sépare la dot de la donation à cause de noces, il n'y a pas entre elles de très notables différences pendant le mariage, ainsi que nous l'avons vu. Même après la dissolution du mariage, il existe encore assez de points de contact entre les deux institutions, pour qu'on puisse continuer entre elles le parallèle et compléter les unes par les autres les dispositions législatives qui les régissent : mais cette

(1) Nov. XCVIII, c. i.
(2) Nov. CXXVII, c. iii.
(3) C. L. V, t. IX. *De sec. nupt.*, 1. *In Auth.*, 29, c. ii et iii. *In Auth.*, 22, c. xxiii.

diversité d'origine conduit à des résultats très différents, lorsqu'il s'agit des moyens d'action, mis par la loi à la disposition des époux, pour faire valoir leurs droits. Quand il s'agit de la donation à cause de noces, en effet, la situation est toute différente de celle de la dot. La dot, qui dans le dernier état du droit fait toujours retour à la femme, est entre les mains du mari : il en est devenu propriétaire, sinon rationnellement, au moins légalement (1). Et pour que la femme reprenne sa dot, il faut qu'elle agisse contre lui ou ses héritiers. A cet effet Justinien lui donne dans tous les cas l'action *ex stipulatu*, que la stipulation ait été réellement faite ou non (2). Remarquons toutefois que s'il n'y avait pas eu de stipulation faite, l'action serait *bonæ fidei*, et le mari pourrait faire des retenues pour impenses nécessaires. Il ne le pourrait pas au contraire s'il y avait eu des stipulations, car alors l'action de la femme serait *stricti juris*.

La donation à cause de noces est bien devenue aussi elle la propriété légale de la femme, comme la dot est celle du mari, nous l'avons établi plus haut : mais cette propriété est en quelque sorte plus fugitive encore que celle du mari sur la dot, et quand elle cesse d'exister à la dissolution du mariage, la donation à cause de noces, faisant retour au mari comme la dot fait retour à la femme, celui qui doit la reprendre, c'est-à-dire le mari ou son héritier, en est déjà en possession. Il n'a pas à agir, son droit est garanti par la plus énergique des sanctions, le simple droit de rétention.

(1) C. L. V, t. XII. *De jure dotium*, 30. Justinien.
(2) C. L. V, t. XIII. *De rei uxoriæ*, 1. Justinien.

Ainsi le mari n'a pas besoin d'action pour faire valoir ses droits sur la donation à cause de noces et il n'en a aucune. Quant à la femme, les droits qu'elle peut avoir sur la donation à cause de noces ne sont plus, dans le dernier état du droit, que les gains nuptiaux expressément convenus au moment de la constitution de la donation. Ces gains nuptiaux, confondus dans l'ensemble de la donation pendant la durée du mariage, sont encore après sa dissolution entre les mains du mari et de ses héritiers : il faut que la femme agisse pour les obtenir, et l'action que les textes lui donnent est précisément la *rei vindicatio* (1).

C'est une conséquence de ce droit de propriété qu'a la femme sur la donation à cause de noces tout entière : propriété résolue quant à l'ensemble de la donation, maintenue au contraire et sanctionnée par la *rei vindicatio* quant aux objets qui dans la donation sont affectés à ses gains nuptiaux.

En résumé, la donation à cause de noces n'engendre pas d'action au profit du mari, bien qu'à la dissolution du mariage, le jeu naturel de cette institution crée théoriquement au moins à son profit un droit de propriété nouveau, justement parce que ce droit de propriété est sanctionné par un droit de rétention. La femme, propriétaire en quelque sorte théorique de la donation à cause de noces dès l'époque de sa constitution, acquiert par l'événement de la dissolution du mariage une propriété effective et définitive, mais seulement sur les gains nuptiaux compris dans la donation : et pour en être mise en possession, elle a l'ac-

(1) C. L. V, t. III. *De don. ante nupt.*, 20. Justinien. *In Auth.*, 61, **c.** I.

tion qui sanctionne le droit de propriété, la *rei vin-dicatio ;* revendication qu'elle peut exercer contre tous les possesseurs. Remarquons seulement que sous Justinien cette revendication n'est que la Publicienne du droit classique qui ne demande que le juste titre et la bonne foi (1).

On pourrait encore concevoir au profit de la femme, au moins dans ses rapports avec les héritiers de son mari, une *condictio ex stipulatu*, s'il y a eu réelle-ment stipulation des gains de survie. S'il n'y avait pas eu de stipulation véritable elle aurait toujours une *condictio ex lege*, qui existe pour tous les droits nouveaux introduits par les lois, sans être munis d'une sanction spéciale (2). Cette *condictio* est par sa nature même moins favorable que la *rei vindicatio*, puis-qu'elle ne peut pas s'exercer contre les tiers posses-seurs. Le parallèle établi presque continuellement par les lois entre la dot et la donation à cause de noces nous conduirait encore raisonnablement à accorder à la femme une action *ex stipulatu* tacite comme pour la dot.

§ 4.

Parvenue à ses dernières transformations et répan-due dans l'usage, la donation à cause de noces était un grand tempérament à ce qu'il y avait de trop absolu au profit du mari dans le régime dotal; et les rapprochements si faciles à faire entre ce double patrimoine, que le dernier état du droit impérial nous

(1) Inst. L. IV, t. VI, § 4.
(2) D. L. XIII, t. II. *De condict. ex lege.* Paul.

montre constitué par la femme et par le mari, nous semblent un acheminement au régime de la communauté (1).

On s'étonne dès lors que la proximité et les rapports fréquents entre les pays de droit écrit et les pays de coutume, n'aient pas concouru à développer cette institution des donations à cause de noces. Bien au contraire, nous ne rencontrons dans les pays de droit écrit qu'un pur régime de dotalité, et bien que le nom de la donation à cause de noces s'y trouve fréquemment, l'institution est loin d'y avoir acquis ce développement, que nous trouvons dans la législation de Justinien et qu'aurait dû compléter au contraire le voisinage des régimes de communauté des pays du Nord. Cet état de choses ne peut s'expliquer que par les faits. La base du droit romain dans les Gaules est le code théodosien, publié justement à une époque où la donation à cause de noces n'est pas encore complètement formée (2). Elle est encore plutôt un simple gain de survie pour la femme qu'une véritable dot constituée par le mari, et cela explique son peu de développement.

La coutume de Toulouse, tout spécialement, manifeste cet état du droit. Elle établit que si le mari meurt le premier, la femme gagnera dans tous les cas la donation à cause de noces : si c'est la femme qui

(1) Le régime de la communauté, au moins comme association *totorum bonorum*, n'était pas proscrit à Rome. On en trouve un exemple formel dans un texte de Scævola au Digeste. Mais il est évident que c'était là un mode exceptionnel de régler les intérêts des époux (D. L. XXXIV, t. I. *De alimentis*. L. 16. Scævola, § 3).

(2) *Alban d'Authuille*. Revue Wolowski, t. VIII, p. 365.

prédécède, le mari gagne la dot (1). N'est-ce pas là tout simplement le régime de la dot adventice avant Justinien ? régime qui donnait au mari de tels avantages qu'on jugea nécessaire d'instituer la donation à cause de noces pour établir au profit de la femme une sorte d'équivalent dans les gains de survie; d'où il s'ensuivit qu'à l'origine la femme gagnait la donation à cause de noces par le prédécès du mari.

Passée dans les pays de droit écrit avant d'avoir atteint son développement rationnel, la donation à cause de noces n'y profita pas des perfectionnements que lui apportèrent les constitutions des empereurs de Byzance. Et lorsque les institutions coutumières des pays du Nord eurent atteint leur dernier développement juridique, en ce qui concernait le patrimoine conjugal, la donation à cause de noces, dans les pays de droit écrit, était restée un simple gain de survie pour la femme, et pas autre chose.

On comprend aisément dès lors comment une fusion que le rapprochement analytique paraît indiquer comme si facile, n'eut pas lieu et n'aurait même pas pu avoir lieu.

(1) *Consuetudines Tolosæ-Tertia pars. Rubrica de dotibus.* Cout. génér., t. IV, p. 1051.

DROIT FRANÇAIS

CONSIDÉRATIONS PRÉLIMINAIRES

Les encouragements que le législateur a prodigués au mariage dans notre droit civil se présentent à la fois et dans l'ordre de la considération sociale qui s'y rattache et dans l'ordre des avantages pécuniaires que l'association conjugale peut procurer aux époux. Les combinaisons les plus ingénieuses ont été admises pour modifier, en ce qui concerne cette société spéciale, ce que le droit commun pouvait avoir de rigueurs et d'entraves. Et la faveur n'a pas été renfermée seulement dans les modes divers d'association du patrimoine des époux, elle s'est étendue aux libéralités qui sont faites à chacun d'eux et dont le mariage est la cause ou l'occasion.

La donation entre-vifs s'imposa en quelque sorte de vive force à notre ancien droit, comme institution du droit naturel, et elle échappa ainsi aux règles dont nos coutumes avaient entouré les dispositions testamentaires, règles dont le but général était la protection de la famille du disposant. C'était en effet un des

principes de notre droit primitif que celui de la con-
servation des biens dans la famille (1) ; et du droit
celtique, résistant à la conquête romaine, ce principe
d'affectation du patrimoine à la famille avait passé
dans nos institutions coutumières.

Les rédacteurs des coutumes y avaient soumis les
dispositions testamentaires, par l'établissement de la
réserve coutumière (2). Mais la donation entre-vifs,
manifestation la plus nette et la plus simple de la liberté humaine et procédant du droit naturel, avait
gardé plus de latitude. Toutefois, tout en la maintenant,
nos coutumes ne négligèrent rien non seulement pour
en prévenir les écarts et les abus, mais encore pour
la renfermer dans les limites les plus étroites et pour
en rendre l'exercice le plus rare possible. « Les donations sont de droit étroit, préjudiciables aux familles et par cela même on ne leur doit pas d'extension, » disait l'un des commentateurs les plus autorisés de nos coutumes (3).

On ne se contente pas de lui refuser toute extension,
on entoure sa manifestation des règles de forme les
plus minutieuses, destinées à produire des nullités par
leur inobservation. Bien plus, pour détourner le disposant de toute idée de libéralité on exige de lui son
dépouillement actuel et irrévocable de l'objet donné.
C'est la règle « Donner et retenir ne vaut, » la clef de

(1) L. de Valroger, *Les Celtes, la Gaule celtique*, IVᵉ partie, ch. XI,
nᵒ 7.

(2) Elle ne portait généralement que sur les propres qui étaient
pour les quatre cinquièmes frappés d'indisponibilité en faveur
des héritiers du sang. (Laferrière, *Hist. du Droit français*, liv. III,
sect. II, § 11.)

(3) Laurière, sur Loysel, *De donations*, l. IV, t. IV.

voûte du système des donations dans le droit coutumier et le principe qui domine encore cette matière
dans notre droit civil.

Nous retrouvons aussi à Rome la règle de l'irrévocabilité des donations. Dans les premiers siècles de la
république la donation entre-vifs ne pouvait embrasser
que des biens présents. Plus tard, quand la rigueur
formaliste se fut adoucie, l'irrévocabilité des donations
subsista. Est-ce à dire que notre règle coutumière
« Donner et retenir ne vaut » procède aussi d'une
origine romaine en même temps que barbare ? Nous
ne le pensons pas. L'irrévocabilité des donations du
droit romain ne tient pas en effet à l'idée de protéger
les héritiers du disposant. A Rome la famille s'absorbe
tout entière dans la personne de son chef : il est le
maître de déshériter selon ses caprices ses enfants ou
ses proches, et de transporter à des étrangers ses
biens et l'influence de ses richesses.

Dans notre droit coutumier au contraire domine
l'idée de copropriété de la famille entière, et c'est
comme sanction de ce principe que s'établit la règle
« Donner et retenir ne vaut. » Cette diversité de points
de départ nous autorise à conclure que notre règle est
toute nationale, comme le principe qui lui a donné
naissance.

C'est à elle que se rattachent, pour y déroger, la plupart des dispositions exceptionnelles relatives aux
libéralités destinées à favoriser le mariage, et c'est à
ce point de vue qu'il importait ici d'en établir la
source. Elle s'est en effet perpétuée dans nos institutions coutumières et elle domine constamment encore
le régime des dispositions entre-vifs dans le code civil.

Pourtant, disons-le, c'est une règle qui n'a plus guère aujourd'hui sa raison d'être, puisque la mesure de protection pour la famille, édictée dans l'ancien droit seulement pour les dispositions testamentaires, a passé avec une forme nouvelle dans notre droit civil, affectant tout aussi bien les dispositions entre-vifs que les dispositions testamentaires.

Le chapitre VIII du titre : « Des donations entre-vifs et des testaments », nous présente quatre sortes de donations qu'on peut faire aux époux par contrat de mariage : la donation de biens présents, la donation de biens à venir, la donation cumulative de biens présents et à venir, et enfin la donation faite sous des conditions potestatives, de la part du donateur de l'article 1086. Nous n'en retiendrons qu'une : la donation de biens à venir.

CHAPITRE PREMIER

ORIGINE HISTORIQUE DE LA DONATION DE BIENS A VENIR

La donation de biens à venir autorisée et régie par les articles 1082 et 1083 du Code civil n'est pas une nouveauté dans le droit. Comme la plupart des institutions modernes, elle a sa source dans la législation antérieure. Constatons seulement qu'elle s'y présentait sous un autre nom. Les donations de biens à venir n'étaient en effet mentionnées par les coutumes et par l'ordonnance de 1731 que pour être proscrites quand elles ne prenaient pas la forme des donations à cause de mort. Et quant à la donation de biens à venir faite par contrat de mariage, elle n'était maintenue par la doctrine qu'à titre d'institution contractuelle.

Mais sans nous attacher plus que de raison à la question de terminologie, il est facile de constater que la donation de biens à venir du Code civil a précisément les plus grands rapports avec cet acte juridique, connu dans notre ancien droit sous la dénomination « d'Institution contractuelle », ou « Convenance de succéder ».

Des raisons de logique ont conduit les rédacteurs du Code à cette substitution de noms, mais les règles qu'ils ont données à la nouvelle institution concordent assez avec les traditions de l'ancien droit pour indiquer la source où ils ont puisé. Eût-il été préférable de laisser à l'institution contractuelle son ancien nom juridique, puisqu'on lui laissait ses principaux caractères? On l'a soutenu. Pour nous, la question n'a pas une très haute importance. L'institution contractuelle emporte avec elle assez des caractères de la donation, pour qu'on puisse la ranger sous le titre des donations, en énonçant toutefois les exceptions qui la favorisent et qui constituent sa nature particulière. Les rédacteurs du Code avaient posé comme règle, de ne maintenir que deux modes de dispositions à titre gratuit, le testament et la donation entre-vifs ; c'eût été déroger à cette règle que de reproduire l'ancienne dénomination d'institution contractuelle. Voilà, selon nous, la raison du changement de nom. Elle nous paraît bien suffisante, puisque la dénomination nouvelle répond aussi bien, comme nous le montrerons dans la suite, à la réalité des choses.

L'institution contractuelle de l'ancien droit étant l'origine de la donation de biens à venir moderne, il importe de rechercher comment elle s'était implantée dans le droit coutumier.

Ici, comme dans l'histoire du plus grand nombre de nos institutions juridiques, se présente le double courant du droit romain et des usages barbares ; courants absolument distincts, mais que la fusion des usages et des mœurs a parfois si bien mêlés, que les jurisconsultes n'arrivent plus à les distinguer mieux qu'on ne distingue les descendants des Gallo-Romains des descendants des Francs.

Les deux opinions ont eu leurs partisans, l'une assignant à l'institution contractuelle le droit romain pour base et l'autre les lois franques.

Il est tout d'abord hors de doute qu'à l'origine le droit de tester jouissait à Rome d'une telle liberté, que les pactes sur cession future ne pouvaient guère y trouver place. Nous rencontrons même des textes formels qui annulent de pareilles conventions. C'est ainsi que la promesse d'égalité consentie par le père qui marie sa fille n'a aucune valeur (1); pas plus que la renonciation à la succession paternelle faite par une fille au moment de son mariage (2). Une constitution de Dioclétien et Maximien pose même en principe général, que toute stipulation sur succession future est interdite, et rend nulle la convention où elle est insérée (3). De semblables conventions étaient consi-

---

(1) C. L. II, t. III. *De pactis*, 15. Valent. et Gallien.
(2) C. L. VI, t. XX. *De collat.*, 3. Alexandre.
(3) C. L. VIII, t. XXXIX. *De inut. stipulationibus*, 4. Dioclétien et Maximien.

dérées comme immorales, sans distinguer si elles portaient sur la succession du promettant ou sur celle d'un tiers : on y voyait une spéculation contre la vie, « votum alicujus mortis. »

Un premier adoucissement à cette rigoureuse prohibition émane de Constantin en 327 (1). Ce prince permet à une mère de partager sa future succession entre ses enfants. Mais en même temps il lui laisse pendant toute sa vie la faculté de révoquer cette disposition. Ceci est caractéristique et nous laisse encore bien loin de l'institution contractuelle.

Justinien élargit cette disposition en autorisant le pacte sur la succession d'une personne quelconque, à la condition que celle-ci donnerait son consentement. Mais ce pacte n'a de valeur qu'autant que celui dont la succession est en jeu ne le révoque pas avant de mourir (2). C'est la même disposition que celle de Constantin : le caractère d'irrévocabilité qui lui manque la distingue trop profondément de l'institution contractuelle, pour qu'on puisse avec quelque certitude renouer entre elles une filiation suivie.

Une novelle de l'empereur Léon se rapproche davantage de l'institution contractuelle et on a pu y voir, logiquement au moins, sa première origine. C'est une promesse d'égalité faite par un père à son fils « *in nuptialibus contractibus* ». Cette promesse est irrévocable « *sciat invalidam atque vanam habendam esse mutatam ex pœnitentia voluntatem* (3) ». Mais la critique historique ruine ici une opinion qu'autori-

(1) Code théodosien. L. II, t. XXIV. *De familia erciscunda*, c. II.
(2) C. L. II, t. III. *De pactis*, 30. Justinien.
(3) *Nov. Leonis* XIX. *De pacto paterno*, etc.

serait pleinement la conformité théorique des institutions juridiques. Les novelles de l'empereur Léon n'ont été connues en France qu'à une époque où la plupart des coutumes étaient déjà rédigées, et longtemps après l'usage des institutions contractuelles (1). C'est ce qu'observait dejà Eusèbe de Laurière : « Il suffit, dit-il, pour faire rejeter cette opinion, de remarquer après Cujas et Jacques Godefroy que les novelles de Léon n'ont presque point été observées ni regardées comme lois dans l'Orient et qu'elles n'ont été même bien lues et connues en Occident que par la traduction qui en a été donnée longtemps après les rédactions et les réformations de nos coutumes qui ont autorisé ces institutions (2). »

Il est difficile, on le voit, de soutenir que l'institution contractuelle découle directement des textes du pur droit romain; aussi s'est-il formé une opinion beaucoup plus considérable qui en trouve l'origine dans l'application du droit romain aux institutions féodales, faite par les feudistes du moyen âge, à l'époque de la renaissance du droit romain en Italie. Ici nous rencontrons l'autorité respectable de Laurière (3) et de Merlin (4). Le texte qui est la base de ce système est une constitution de Dioclétien et Maximien, qui établit que la convention faite par deux soldats, de se succéder réciproquement, aura son plein

(1) Les novelles de l'empereur Léon, promulguées en langue grecque à Constantinople en 890, ne furent bien connues en France que par l'édition grecque de Scringer à Paris en 1558 et la traduction latine d'Agilœus en 1560.

(2) Laurière, *Inst. et subst. contractuelles*, ch. I, n° 15.

(3) *Inst. et subst. contractuelles*, ch. I, n° 16.

(4) Répertoire, *Inst. contract.*, § 1.

effet (1). « Dans le temps, dit Eusèbe de Laurière, que Gerardus Niger et Obertus de Orto composèrent le livre des fiefs, le droit de Justinien était enseigné publiquement dans les écoles d'Italie par de grands jurisconsultes. Ce pacte fut autorisé, parce que les successions féodales furent regardées comme des successions militaires, et les possesseurs de fiefs, qui, dans ce temps, faisaient tous profession des armes, comme des soldats dont les dernières volontés devaient être observées, de quelque manière qu'elles fussent exprimées. C'est ainsi que les institutions contractuelles se sont introduites entre les nobles et les personnes de guerre et ensuite entre les roturiers. »

On trouve bien en effet dans le livre des Fiefs des pactes sur succession future, faits à l'occasion du mariage d'un vassal et qui ont de l'analogie avec l'institution contractuelle. Mais il y a deux points inadmissibles dans cette opinion. Tout d'abord la loi 19 « De pactis » a trait à tout autre chose qu'à un pacte sur succession future comme on l'entend vulgairement. C'est un testament militaire et rien de plus. Le texte même de la loi l'indique à ne pas s'y tromper : « Voluntas militum, quæ super ultimo vitæ spiritu, deque rei familiaris decreto quoquomodo contemplatione mortis in scripturam deducitur, vim postremi judicii obtineat. » C'est une application de la règle qui à Rome dispensait de toute forme les testaments militaires : si l'école italienne a trouvé là la base de l'institution contractuelle, il est manifeste qu'elle a fait fausse route.

Le second point est qu'il faudrait admettre, en outre,

(1) C. L. II, t. III. *De pactis*, 19. Dioclétien et Maximien.

que l'institution contractuelle fût entrée en France
avec les disciples de l'école de Bologne et le livre des
Fiefs. Or il est manifeste que l'institution contractuelle
n'a pas attendu, pour se produire, le développement de
la féodalité et l'application à elle faite par les feudistes
du moyen âge, d'une disposition mal comprise du
droit romain.

Dans un ordre d'idées un peu analogue M. Laferrière (1) et M. Edouard Laboulaye (2) ont vu l'origine et la raison d'être de l'institution contractuelle
dans la féodalité et l'importance qu'elle attachait à
assurer le service des fiefs aussi bien pour l'avenir
que pour le présent. C'était avant eux l'opinion de
Montesquieu (3).

Que l'institution contractuelle ait été utilisée par la
féodalité pour assurer le service des fiefs, nous n'y
contredisons pas : nous concéderons même qu'elle
rendit cette institution d'une pratique journalière dans
les contrats de mariage des gens d'épée : mais ce n'est
là que constater son existence, ce n'est pas indiquer
son origine première ! Et si elle existait complète et
formée à l'époque de la féodalité, c'est qu'elle venait
de plus loin !

Nous ne trouvons pas son origine dans le droit romain : nous avons essayé de le montrer ; il faut la chercher dans les usages barbares, dans le droit national
primitif.

Cujas avait entrevu confusément cette origine de
l'institution contractuelle, et sans faire remonter plus

(1) *Histoire du droit français*, liv. III, sect. II, § 2.
(2) *Recherches sur la condition civile des femmes*, p. 391.
(3) *Esprit des Lois*, l. XXXI, ch. xxxiv.

haut ses recherches, il l'attribue aux lois franques (1).
Loisel est plus précis : « Institution par paction, ou
reconnaissance d'héritier simple ou mutuelle, et donation particulière par contrat de mariage vaut par la
loi Salique des Français et ne se peut révoquer (2). »

C'est en effet dans cette loi que nous trouvons la
première trace certaine de l'institution qui nous occupe.
Les textes y sont formels et soutiennent la discussion
bien autrement que les textes du code et des novelles.
C'est le titre 48 de la *Lex Salica*, intitulé « De adfra-
mire » (3), c'est-à-dire, des dispositions en faveur d'é-
trangers. En voici le texte : « Hoc convenit observare tu
Tunginus vel centenarius mallum indicent et scutum in
ipso mallo habere debet, et postea tres homines tres
caussas demandare debent. Postea in ipso mallo requi-
rant hominem qui ei non pertinet, et sic festucam in
laisum jactet, et ipse in cujus laisum festucam jactavit
dicat verbum de fortunâ suâ, quantum ei voluerit dare,
aut si totam aut si mediam fortunam suam cui voluerit
dare. Postea ipse in cujus laisum festucam jactavit, in
casâ ipsius manere debet, et hospites tres suscipere, et
de facultate sua quantum ei datur in potestate suâ habere debet. Et postea ipse cui creditum est, omnia cum
testibus collectis, ista agere debet, et sic postea ante
regem, aut in mallo legitimo, illi cui fortunam suam
deputaverit reddere debet, et accipiat festucam in

---

(1) Cujas, *De verb. obligat. ad legem*, 26.
(2) Loisel, Inst. C., liv. II, t. IV, § 9.
(3) Dans certaines éditions on trouve *de adfacthumire*, d'où
on a fait le mot d'*affathomie*. D'ailleurs cette expression n'est
jamais la même dans les différents textes qui nous sont parvenus.
(Pardessus, *Loi Salique*, passim.)

mallo ipso. Et ipsum *quem heredem deputavit* antè duodecim menses, in laiso suo jactet nec minus nec majus nisi quantum ei creditum est, *et si contra hoc aliquid dicere voluerit, tres testes habere debet,* qui jurati dicant quod ibi fuerint in mallo quod Tunginus aut centenarius indixerunt. Et quomodo vidissent hominem illum quod fortunam suam donavit in laiso, illius quem jam elegerat festucam jactare et nominare debent qui festucam in laisum electi jactavit, nec non et illum in cujus laisum festucam jactavit et illum quem *hæredem appellavit.* Similiter nominent alii testes jurati, et dicent quod in casa illius, qui fortunam suam donavit, illi in cujus laisum festucam jactavit, ibidem mansisset, et hospites tres vel amplius collegisset, et pavisset, et ei ibidem gratias egissent, et in Beudo suo pultes manducassent et testes collegisset. Ista omnia alii testes jurati dicere debent, quoniam in mallo legitimo vel antè regem illi qui accepit in laisum festucam fortunam suam donavit, et ille acceperit in mallo, hoc est antè Theada vel Tunginum fortunam illam, *quâ hæredem illum* appellavit, publicè coram omnibus hominibus festucam in laisum ipse jactasset, et hæc omnia novem testes debent affirmare. »

L'institution décrite si minutieusement est une disposition gratuite au profit d'un étranger, il n'y a pas à s'y tromper. Est-ce une donation entre-vifs purement et simplement? La tradition qui s'opère pourrait le faire croire : mais comment expliquer alors que par trois fois la loi revienne sur la qualification d'héritier, donnée à celui au profit duquel s'opère l'acte juridique? Héritier et donataire sont choses différentes. D'autre part s'il s'agissait d'un testament, nous n'y

verrions pas ce caractère distinctif du contrat, le concours de deux personnes, l'une pour donner, l'autre
pour recevoir. Bien plus, le testament, par cela même
qu'il est toujours l'œuvre d'une seule volonté, peut se
modifier aussi souvent que cette volonté se modifie
elle-même, et dans « l'affathomie » de la loi salique
nous voyons au contraire que l'héritier choisi agira
par les moyens de preuve légaux pour établir ce qui
s'est passé, au cas où le disposant voudrait revenir sur
sa détermination. « Si contra hoc aliquid dicere voluerit, tres testes... dicant quod..., etc... » Institution
d'héritier, irrévocabilité de cette institution, deux notions réunies qui écartent à la fois l'hypothèse d'une
donation et celle d'un testament, mais qui sont précisément les lignes fondamentales de l'institution contractuelle du droit coutumier.

Il est vrai que la tradition réelle est la base de « l'affathomie » de la loi salique; mais cette dernière différence disparaît dans la loi Ripuaire rédigée sous
Dagobert au VIIe siècle. « *Si quis procreationem
filiorum vel filiarum non habuerit, omnem faculta-
tem suam in præsentia regis sive vir mulieri, vel
mulier viro, sui cuicumque de proximis vel extra-
neis adoptare in hæreditatem, vel adfatimi per scripturarum seriem, seu per traditionem et testibus
adhibitis, secundum legem ripuariam licentiam
habeat*» (1). La *scripturarum series* peut remplacer la
tradition ou mieux la festucation de la loi salique. Elle
assure, comme la festucation, l'irrévocabilité de la disposition, c'est « l'instrumentum », comme on disait à

---

(1) *Lex ripuariorum,* caput XLVIII. Baluze, t. I, col. 39.

Rome : et cette observation seule écarte l'idée qu'il puisse être question là d'un testament dont la révocabilité est précisément une condition fondamentale et essentielle. D'ailleurs il est aisé de voir que les deux lois visent une institution analogue; et c'est en les rapprochant qu'on fait ressortir le plus clairement l'originalité de « l'affathomie ».

Et la preuve que cette disposition de succession par contrat a bien une existence réelle et active, c'est qu'elle ne se trouve pas seulement en germe théorique dans les lois du temps; les chroniques nous la montrent en application pratique. C'est le traité d'Andelot en 587, passé entre Gontran, roi de Bourgogne et Childebert, roi d'Austrasie et rapporté par saint Grégoire de Tours (l. II, ch. xx). « En ce qui touche les villes de Bordeaux, de Limoges, de Cahors, de Béarn et de Bigorre a été convenu ce qui suit : La royne Brunehilde reçoit en propriété Cahors avec sa banlieue, fins, limites et dépendances; le roi Gonthran durant sa vie possédera les autres villes, à cette condition qu'après sa mort elles retourneront en la domination de la royne Brunehilde et de ses hoiss ou ayant-cause, et que Cahors ne soit pas du vivant de Gonthran redemandée à Brunehilde ni à Childebert son fils, ni aux enfants de celui-ci, à qui elle sera advenue par la mort de celle-ci. » Par ce traité on règle à la fois la succession du roi Gonthran et de la reine Brunehilde, l'un et l'autre parties contractantes.

Plus tard, en 803, un capitulaire de Charlemagne règle encore l'institution contractuelle : « *Qui filios non habuerit et alium quemlibet hæredem facere voluerit coram rege vel comite et scabinis, vel*

missis dominicis, qui tunc ad justitias faciendas in
provincia fuerunt ordinati traditionem faciant (1) ».
Il n'est plus question ici de la « *scripturarum se-*
ries » : mais il ne faut voir là qu'un retour au vieux
principe de l'investiture germanique, produit par les
influences locales ; l'empereur ayant fixé sa résidence
à Aix-la-Chapelle, dans une région où les usages germaniques, déjà en partie abrogés à l'égard des Ri-
puaires, avaient encore toute leur vigueur. D'ailleurs
ce n'est guère qu'une question de forme et l'institution
contractuelle reste avec ses traits principaux : disposition d'une succession par contrat et irrévocabilité de
cette disposition. Tout au plus pourrait-on supposer
qu'en supprimant la faculté d'opérer cette institution
contractuelle par la « *scripturarum series* » de la loi
Ripuaire, le capitulaire ait pu avoir pour effet de la
rendre plus rare : mais les mœurs plus fortes que le
capitulaire feront revivre la disposition de la loi
Ripuaire.

Cette institution contractuelle toutefois peut trouver
place dans tout acte juridique : elle n'est pas restreinte
encore aux contrats de mariage.

C'est encore avec ce caractère que nous la retrouvons au xiii⁰ siècle dans les « Conseils à un ami » de
Desfontaines : « La convenanche ke tu dis ki fut fête
entre deus frères qui n'avaient nul enfant, ke li quez
ki morust devant, ses héritages revenist à l'autre, ne
puet riens nuire al ainzné en franc-fié ne as autres
enfants en vilenage (2) »..... Il n'est dit en aucune

(1) An. 803, capit. IV, § VII. *De lege ripuariensi.* Baluze, t. I,
col. 398.

(2) *Conseils à un ami*, ch. xv, § 7.

manière que cette convention ne peut se produire que dans un contrat de mariage. Et nous voyons la même chose dans la coutume d'Auvergne (1).

La féodalité trouva l'institution contractuelle en vigueur et n'eut pas à l'établir. Mais le principe même de son organisation, tendant à assurer à perpétuité le service des fiefs, devait trouver là un auxiliaire puissant. Les fiefs devenus héréditaires seraient régulièrement servis, dès l'instant que la succession des vassaux serait réglée de leur vivant. De là vint probablement cette sorte de contrôle qui fut concédé aux seigneurs sur les mariages de leurs vassaux. Ceux-ci ne pouvaient marier leurs héritiers présomptifs mâles ou filles sans l'agrément du suzerain. Le pouvoir de ce dernier allait jusqu'à contraindre la fille ou veuve détentrice ou héritière d'un fief qui devait service de chevalier à « prendre baron ». Il advint ainsi tout naturellement que dans les contrats de mariage des vassaux, dressés sous les yeux des seigneurs, on fit des dispositions pour régler la succession du fief et en assurer la desserte (2).

C'est un réveil pour l'institution contractuelle qui trouve dans les contrats de mariage des nobles détenteurs de fiefs une application fréquente. La même raison d'en faire usage n'existait pas en ce qui concerne les roturiers ; aussi en résulta-t-il qu'en fait cette institution ne fut guère usitée que dans les contrats de mariage des possesseurs de fiefs. D'autant plus qu'aux raisons de fait se joignaient aussi des préférences de race. « Les nobles, observe M. Trop-

(1) *Coutume d'Auvergne*, tit. I, ch. xv.
(2) Eschbach, *Revue de législation*, t. XI, p. 135, 1840.

long, fidèles à des souvenirs d'origine germanique, conservaient pour les pactes sur succession une prédilection, que n'avaient pas les autres classes de la société, mieux disposées en faveur du droit romain (1). »

Il faut cependant bien se garder d'en conclure que l'institution contractuelle soit devenue à cette époque un privilège propre à la noblesse, dont les roturiers aient été rigoureusement exclus. Aucune distinction dans ce sens ne se présente dans les textes des lois primitives qui sont le siège de la matière, et les traditions du droit féodal n'en contiennent pas non plus. Quand Montesquieu (2) soutient la thèse contraire et nous montre l'institution contractuelle comme un privilège de la noblesse, s'étendant ensuite à la faveur du mariage, « in favorem matrimonii, » jusqu'à la roture en passant par l'aristocratie bourgeoise, il ne tient pas compte de la législation primitive. Il fait naître l'institution contractuelle au moyen âge : dès lors, ne la rencontrant là que dans les mariages des nobles, où elle présentait sa principale utilité, il peut en conclure qu'elle n'existe pas ailleurs. Pour nous au contraire, qui l'avons vue se former sans aucune distinction de classes entre ceux qui peuvent s'en servir pour disposer de leur succession, nous ne saurions admettre sans preuves que son usage ait été restreint aux seuls possesseurs de fiefs : et ces preuves n'existent pas.

A la fin de la période féodale, l'institution contractuelle, comme toutes les institutions qui, de près ou

(1) *Comment. des donations*, préface, p. 139.
(2) *Esprit des Lois*, liv. XXXI, ch. xxxiv.

de loin, touchaient à la féodalité pour la confirmer ou la perpétuer, eut à subir les violentes attaques des légistes. Tellement imbus du droit romain qu'ils allaient jusqu'à méconnaître les franchises nationales et à fausser le principe véritable de la monarchie, voulant que « le roy fût empereur en son royaume », ils reprirent tous les arguments des jurisconsultes de Rome contre les pactes sur succession future. Dans un autre ordre d'idées le principe primitif de la copropriété de la famille, se traduisant par la règle « Donner et retenir ne vaut », en ce qui concerne les dispositions entre-vifs, venait fortifier l'influence du droit romain. Aussi ne fut-il pas étonnant qu'au xvie siècle la rédaction des coutumes, confiée précisément aux légistes, fit triompher l'influence romaine. L'institution contractuelle fut bannie en principe. Par exception la faveur du mariage lui permit de vivre à condition qu'elle fût restreinte aux conjoints et à ceux qui pourraient naître d'eux et qu'elle fût faite dans l'acte même qui fixait les conventions civiles du mariage.

C'est en effet la règle que nous trouvons généralement dans les coutumes, notamment dans celles du Bourbonnais (art. 219), du Nivernais (chap. 27, art. 9), du Vermandois (art. 54 et 55) et de la Marche (art. 246). Une seule coutume, celle d'Auvergne (ch. xiv, t. XVI), admit l'institution contractuelle dans les contrats d'association universelle. Et comme contrepartie, dans la coutume du Berry (t. VIII, n. 6), l'institution contractuelle, au moins en tant qu'universelle, est au contraire proscrite, même dans les contrats de mariage.

Cette analyse historique des restrictions imposées à l'institution contractuelle se confirme et s'éclaire par la comparaison de ce qui s'est passé chez nos voisins d'Allemagne, dont les premières coutumes avaient la même origine germanique que les nôtres. Chez eux la rédaction des coutumes avait eu lieu plus tôt, à une époque où la réaction du droit romain contre les lois primitives n'avait pas encore toute son intensité. Dès lors l'institution contractuelle, qui existait chez eux au même titre que chez nous, put braver la proscription par ses seules forces, sans se retrancher dans le contrat de mariage. La convention de succéder a conservé toutes ses franchises : elle est restée après la codification des coutumes ce qu'elle avait été avant, c'est-à-dire qu'elle peut se faire par tout acte écrit sans distinction et même l'écriture n'y est pas chose essentielle (1).

Revenons à nos coutumes. L'institution contractuelle strictement renfermée dans le contrat de mariage était à l'abri des atteintes des romanistes et elle prit bientôt une très grande faveur, provenant justement de la faveur même du mariage. De plus elle permettait d'assurer à l'avance, irrévocablement, à l'un des héritiers une part plus considérable dans la succession du donateur. Ce résultat satisfaisait particulièrement cette tendance de l'époque à perpétuer la splendeur des familles : tendance qui avait engendré déjà les droits d'aînesse et de masculinité. Aussi puisa-t-elle dans cette idée une nouvelle force d'expansion. Elle pénétra bien au delà des pays coutumiers

(1) Bonnet, *Disposition par contrat de mariage*, t. I, n° 244.

où elle avait été renfermée à son origine et envahit si bien le pays de droit écrit que Coquille nous dit : « Cette usance de France..... est reconnue pour loi *etiam* que les coutumes n'en parlent pas (1). »

Les ordonnances confirment et réglementent ce qu'ont déjà établi les coutumes. Dans celles d'Orléans et de Moulins, inspirées par le chancelier de l'Hôpital, l'institution contractuelle est rappelée aux articles 59 de l'Ordonnance d'Orléans et 57 de l'Ordonnance de Moulins. Enfin, plus près de nous, Daguesseau confirme encore l'usage de l'institution contractuelle dans le contrat de mariage par les deux ordonnances de 1731 et de 1747, du roi Louis XV.

Nous arrivons ainsi au droit intermédiaire. L'institution contractuelle disparaît, abolie par les lois nouvelles. C'est d'abord la loi du 7 mars 1793 ; puis celle du 17 nivôse de l'an II qui s'ouvre par la disposition suivante : « Les institutions contractuelles et toutes dispositions à cause de mort, dont l'auteur est encore vivant ou n'est décédé que le 14 juillet 1789, ou depuis, sont nulles, quand même elles auraient été faites antérieurement. » C'était révoquer non seulement des droits acquis, mais encore des droits ouverts et réalisés. Les difficultés que ces changements accumulent devant les tribunaux obligent le conseil des Cinq-Cents à modifier cet état de choses. Le 18 pluviôse an V il maintient les institutions contractuelles et les autres dispositions irrévocables de leur nature, légitimement stipulées en ligne directe avant la publication de la loi du 7 mars 1793, et en ligne collatérale ou entre indi-

___

(1) G. Coquille, *Coutume du Nivernais*, ch. xxvii, Donations, art. 12.

7

vidus non parents, antérieurement à la publication de la loi du 5 brumaire an II.

Mais la prohibition de la loi de nivôse an II continua de subsister, jusqu'au jour où les législateurs du code rétablirent la donation de biens à venir dans le contrat de mariage : poussés eux aussi par la nécessité sociale de favoriser les unions légitimes, et d'en multiplier la formation et l'aisance. « Toute loi, disait Bigot-Préameneu dans l'exposé des motifs du titre des Donations et testaments, toute loi dans laquelle on ne chercherait pas à encourager le mariage serait contraire à l'intérêt social et à l'humanité. Loin de les encourager ce serait y mettre obstacle, si on ne donnait pas le plus libre cours aux donations sans lesquelles ces liens ne se formeraient pas. »

Le projet de code, émané de la commission de rédaction, n'osa pas tout d'abord présenter la donation de biens à venir telle qu'elle fut acceptée par le corps législatif, une fois qu'elle eut été modifiée par la section de législation du Conseil d'État. Ce projet laissait plus de pouvoirs au donateur et favorisait moins les enfants à naître du mariage. En voici le texte, article 1082 : « Les père et mère, les autres ascendants, les parents collatéraux des époux et même les étrangers pourront, par contrat de mariage, disposer de tout ou partie des biens qu'ils laisseront au jour de leur décès, tant au profit desdits époux qu'au profit des enfants à naître de leur mariage, dans le cas où le donateur survivrait à l'époux donataire. Pareille donation, quoique faite au profit seulement des époux ou de l'un d'eux, sera toujours, dans ledit cas de survie du donateur, présumée faite au profit des enfants et descendants à naître du mariage *si le contraire n'a été exprimé dans la donation. Elle est sujette à la formalité de l'acceptation : il suffit qu'elle soit faite par l'époux donataire pour profiter aux enfants nés du mariage.* » Article 1083 : « La donation dans la forme portée au précédent article sera irrévocable en ce sens seulement que le donataire ne pourra plus disposer à titre gratuit des objets compris dans la donation si ce n'est pour sommes modiques à titre de récompense ou autrement : *le donateur conserve jusqu'à sa mort la liberté entière de vendre et d'hypothéquer, à moins qu'il ne se la soit formellement interdite en tout ou en partie.*

Les tribunaux n'avaient fait aucune observation sur ces dispositions ; mais la section de législation du Conseil d'État les corrigea en retranchant la fin des deux articles. Le projet ainsi modifié fut adopté sans discussion au Corps législatif.

CHAPITRE II

DES CARACTÈRES DE LA DONATION DES BIENS A VENIR ET DES CONDITIONS DONT ELLE EST SUSCEPTIBLE.

Tout le système de la donation de biens à venir est contenu dans les textes bien courts des articles 1082 et 1083, 1086 à 1090. Une pareille concision ne saurait s'expliquer, s'il s'était agi de créer de toutes pièces une institution nouvelle, dont les rouages et le secret n'auraient pas déjà été révélés par une longue pra-

tique et les études approfondies des jurisconsultes.
Cette brièveté même nous incline à penser que les
législateurs, tout en ne reproduisant pas l'expression
d'institution contractuelle, nous avons vu plus haut
pourquoi, ont bien entendu reproduire l'institution
elle-même, sous le nom de donation de biens à venir.
M. Jaubert l'a dit formellement dans son rapport au
Tribunat du 9 floréal an XII : « Les institutions contractuelles continueront d'être autorisées en faveur du
mariage (1). » C'est donc à la fois et aux anciennes
coutumes et ordonnances, ainsi qu'aux traités de nos
jurisconsultes, que nous devons nous reporter lorsque
l'insuffisance des textes du code laissera dans l'ombre
quelque point de la matière.

Ceci se présente tout d'abord si nous nous deman-
dons quel est le caractère véritable de la disposition
réglée par l'article 1082? Le code ne nous fournit pas
de formule précise, et sur cette question les théories
ont varié à l'infini dans l'ancien droit.

La diversité des législations locales avait eu sa
bonne part d'influence sur ces classifications diverses.
« Chaque seigneurie a son droit civil, disait Beauma-
noir dans sa Coutume de Beauvoisis, et dans tout
le royaume il n'y a peut-être pas deux seigneu-
ries qui soient gouvernées de tous points par les
mêmes lois. » Au-dessus toutefois de ces usages locaux
régnaient des maximes coutumières générales : et les
pays que régissaient ces maximes communes s'ap-
pelaient pays de coutumes. Dans le Midi, ces maximes
communes, régnant en quelque sorte au-dessus des

(1) Locré, *Législ.*, t. XI, p. 383.

coutumes locales, étaient remplacées par le droit romain : c'étaient les pays de droit écrit.

L'institution contractuelle, née dans les pays de coutumes, s'était répandue jusque dans les pays de droit écrit, et était uniformément reconnue par les parlements du Midi. Mais les deux théories du droit romain et du droit coutumier étaient trop divergentes en matière d'institution d'héritier, pour que cette divergence même n'amenât pas les appréciations les plus diverses, sur le caractère véritable de l'institution contractuelle. D'après le droit romain, en effet, et la jurisprudence des pays de droit écrit, c'est l'institution d'héritier qui est la base du testament : l'héritier institué représente seul le défunt. En pays de coutumes : « Institution d'héritier n'a point de lieu. » *Solus Deus heredem facere potest, non homo*. Il n'y a que l'héritier du sang qui représente le défunt. Par le fait seul qu'elle créait un héritier, l'institution contractuelle apportait une dérogation considérable au droit commun des pays de coutumes. D'une façon générale, au contraire, ce n'était pas le fait de créer un héritier qui, dans l'institution contractuelle, dérogeait au droit romain, c'était seulement de l'instituer par contrat.

Aussi dans les pays de droit écrit, tout en admettant l'institution contractuelle, cherchait-on à maintenir dans son intégrité le principe de l'interdiction des pactes sur succession future. Dominés par cette idée, les jurisconsultes avaient été amenés à considérer l'institution contractuelle comme une donation entre-vifs, n'ayant plus dès lors le caractère d'une disposition successorale.

C'était l'opinion de Lebrun, qui, tout en reconnaissant que l'institution contractuelle avait quelques rapports avec la donation à cause de mort, pensait cependant qu'elle se rapprochait beaucoup plus de la donation entre-vifs. Le droit peut être éloigné, périssable, susceptible de caducité, mais il est né et il est irrévocable. « La convention, dit-il, n'ayant été que pour ce qui se trouvera au jour du décès, il suffit que l'instituant ne puisse pas révoquer cette convention..... Quand on institue un héritier par contrat pour ce qu'on aura de biens au jour de son décès, cet événement ne dépend pas plus de ce que fera l'instituant que de sa bonne ou de sa mauvaise fortune, qui a part dans tous les succès de la vie ; estant très-ordinaire que quelqu'un ne réussisse pas dans ses affaires avec beaucoup de conduite et que quelque autre réussisse dans les siennes avec moins de mesures..... Le plus ou le moins n'est pas ce qui a été promis, mais bien ce qui se trouvera au jour du décès. C'est ce qui a été donné par le donateur et accepté par l'héritier institué et ce qui ne lui peut jamais être ôté (1). » Et cette irrévocabilité est pour lui le caractère principal qui la fait participer de la donation entre-vifs.

L'opinion de Lebrun en cette matière est d'ailleurs celle de Pothier (2) et de la plupart des auteurs de droit écrit. Quelques coutumes, celle de Touraine (art. 252) et celle du Maine (art. 262), tirent même du principe qui fait considérer l'institution contractuelle comme une donation entre-vifs des conséquences plus

---

(1) Lebrun, *Des successions*, liv. III, c. ii, n° 19.
(2) *Introduction à la Coutume d'Orléans*, n° 18.

graves : l'instituant abdique la faculté d'aliéner même
à titre onéreux les biens qui lui appartenaient au
moment de l'institution.

Dans les pays de coutumes généralement on consi-
dérait l'institution contractuelle comme une donation
à cause de mort. C'était l'avis de Guy Coquille (1) et
d'Eusèbe de Laurière (2). Ils trouvaient en effet, en
analysant les deux institutions, que l'une comme
l'autre sont révoquées par le prédécès de celui qui est
gratifié, que l'institution contractuelle comme la donation à cause de mort a trait de temps, c'est-à-dire
est suspendue, quant à son exécution, jusqu'à la mort
de l'instituant ; enfin l'instituant se préfère à l'institué et préfère l'institué à son héritier. Quant à
l'irrévocabilité de l'institution contractuelle incompatible avec la donation à cause de mort, Laurière
fait l'élude, considérant qu'une donation à cause
de mort peut être irrévocable, pourvu qu'elle soit
révocable au cas que le donateur survive. Mais cette
affirmation n'était pas admise sans conteste.

Remarquons en passant que dans l'ancien droit
cette discussion était plus qu'une dispute de mots,
étant donnée la différence capitale, établie par la législation, entre le disponible par disposition entre-vifs et
le disponible par testament ou autre mode de disposition à cause de mort.

Les deux systèmes de la donation entre-vifs et de la
donation à cause de mort, ne répondant pas absolument à tous les caractères que nous rencontrons dans

(1) *Coutume du Nivernais*, titre XXVII, art. 12.
(2) *Institution et substitution contractuelles*, c. II, n. 21 et suiv.

l'institution contractuelle, il n'est pas étonnant que de très bons esprits se soient refusés à se rallier à l'un ou à l'autre et aient cherché la vérité dans une opinion mixte. Ils considèrent l'institution contractuelle comme un contrat à part, ayant des règles particulières, qui sont tantôt celles des donations entre-vifs, tantôt celles des donations à cause de mort.

Cette solution éclectique est celle de Furgole (1) : « C'est une manière de disposer ou une convention que quelques auteurs ont appelée avec raison amphibie, qui constitue une classe à part et qui a ses règles particulières. » Domat (2) reconnaît aussi cette nature complexe, et il en tire des conséquences au point de vue de la solution des difficultés qui peuvent se présenter dans l'application pratique. « Il suffira, dit-il, de faire ici une remarque d'un principe essentiel et d'un grand usage dans cette matière..... Ce principe consiste en ce que les institutions contractuelles, ayant leur nature mêlée de celle des testaments et de celle des conventions, et leurs règles étant par conséquent mêlées de ces deux natures, on doit distinguer en chaque difficulté, lesquelles de ces deux sortes de règles on doit y appliquer, et si c'est par des règles des conventions que la difficulté doive se résoudre, si c'est par des règles des testaments, suivant que les unes ou les autres peuvent y convenir. »

Aujourd'hui la discussion a perdu de son importance, la quotité disponible étant devenue la même pour les donations et pour les testaments ; mais elle

(1) Furgole, *Donations*, t. I, art. 13 de l'ordonnance de 1731 p. 101.

(2) *Titre des successions*. Préface, n° 10.

n'est pas encore sans portée pratique, par exemple au point de vue de l'ordre à observer dans les réductions, s'il y a lieu de réduire (art. 921 à 923 C.C.).

Sous le régime du code civil, il ne saurait plus être question de donation à cause de mort, pas même, croyons-nous, pour les donations entre époux au cours du mariage (art. 1096 C.C.). Réduisant toutes les dispositions de biens à titre gratuit à deux formes uniques, la donation entre-vifs et le testament ou codicille, d'Aguesseau dans l'Ordonnance de 1731 avait fait disparaître la donation à cause de mort, sinon dans la pratique, au moins quant à la forme. Les rédacteurs du code, par l'article 893, ont prohibé quant au fond ce que l'ordonnance avait supprimé dans la forme ; et en qualifiant de donation l'institution contractuelle, dans leur langue, qui ne connaît plus qu'une seule donation, la donation entre-vifs, ils ont bien paru trancher la question en faveur de Lebrun et des partisans de son système. Ceci est d'autant plus notoire, que la législation intermédiaire l'avait rangée dans les dispositions à cause de mort (1), et que les législateurs ne peuvent pas avoir laissé passer inaperçue la modification qu'ils apportaient aux précédents immédiats. S'ils ont changé le nom, c'est qu'ils n'admettaient pas le point de vue des législateurs de la Convention.

Mais il ne faudrait pas tirer de cette observation des conséquences absolues : la place même qu'occupe, dans le titre des Donations et Testaments, la donation de biens à venir, indique qu'il s'agit là d'une

_____

(1) L. du 17 nivôse an II, art. 1 et 2.

institution, qui participe à la fois de la disposition
entre-vifs et du testament. C'est donc le système
mixte de Furgole qui paraît avoir inspiré les législateurs : ou, si on ne veut pas l'admettre, tout au moins
doit-on reconnaître que c'est lui qui cadre le mieux
avec les règles qu'ils ont tracées (1).

La donation de biens à venir du code civil est une
donation, par sa forme contractuelle et par le caractère
d'irrévocabilité dont elle est revêtue. Elle se rapproche
du testament par le retard qu'elle met à l'entrée en
jouissance du donataire, par la caducité dont elle est
frappée, si le donateur survit au donataire et à sa postérité, et enfin par les moyens indirects de révocation
laissés au donateur : il peut en effet dissiper toute sa
libéralité par une administration mal dirigée, aussi bien
qu'en augmenter l'étendue par des chances heureuses
ou de sages spéculations. Car le donateur qui institue
promet ce qu'il laissera à son décès, il ne se dépouille
pas actuellement.

On a une idée nette de ce caractère d'irrévocabilité
de la disposition et des révocations indirectes dont elle
peut être l'objet, en distinguant avec M. Jaubert le
titre de l'émolument. Le titre est irrévocable : c'est ce
qu'exprime formellement l'article 1083 : « La donation
dans la forme portée au précédent article sera irrévocable, en ce sens seulement que le donateur ne pourra
plus disposer à titre gratuit des objets compris dans la
donation, si ce n'est pour sommes modiques, à titre
de récompense ou autrement. Mais quant à l'émolu-

(1) Anouilh, *De l'Institution contractuelle dans l'ancien droit français et d'après le code Napoléon. Revue historique de droit français*,
t. VI, année 1860, p. 311.

ment il ne pourra être véritablement connu qu'au décès, puisque jusqu'alors l'auteur de la disposition conserve le droit d'aliéner à titre onéreux (1). »

Au fond il y a là un droit très analogue à un droit de succession résultant d'un contrat. Dans la forme c'est une donation, dans son objet c'est un droit de succession. Ce rapprochement est nettement formulé par M. Troplong (2). Le disposant en effet a assuré au donataire des droits presque semblables à ceux que les enfants ont sur le patrimoine paternel. Par une sorte d'adoption successorale, le contrat consacre pour lui le même engagement, que la nature et la loi sanctionnent pour les autres. Même l'institué est dans une position bien meilleure que l'enfant, car le père peut donner ses biens dans la proportion de la quotité disponible, et l'instituant ne le peut pas.

La donation de biens à venir peut être considérée comme conditionnelle de sa nature, puisqu'elle est soumise à la condition de survie du donataire et de sa postérité. Mais ceci n'empêche pas qu'elle ne puisse être soumise, comme toute donation, à d'autres conditions. Si le cas se présente, nous aurons une situation analogue à celle établie pour les legs par l'article 1039 du code civil. Le legs en effet est aussi conditionnel, en ce sens qu'il devient caduc par le prédécès du légataire, et l'article 1040 établit expressément qu'on peut apposer à la disposition testamentaire une deuxième condition. Toutefois nous ne saurions aller jusqu'à dire, comme pour les legs, que la donation de biens à

(1) Fenet, *Discussions, motifs, rapports,* t. XII, p. 620.
(2) Troplong, *Comment. des donations,* t. IV, n° 2354.

venir serait caduque, si le donataire, quoique ayant
survécu au donateur, était décédé ou devenu incapable avant l'accomplissement de la condition. Il est en
effet hors de doute, que le donataire de biens à venir
ait un droit acquis, dès le moment de la donation,
quoique ce droit soit subordonné à la condition résolutoire de son prédécès.

Mais à l'inverse des donations entre-vifs ordinaires,
la donation de biens à venir peut être grevée de conditions potestatives de la part du disposant. L'article 947 l'établit tout d'abord, en nous disant que la
prohibition de l'article 944, qui vise précisément les
conditions dont l'exécution dépend de la seule volonté
du donateur, ne s'applique pas aux donations faites
par contrat de mariage. Aussi bien l'article 1086 est
formel, et « la donation par contrat de mariage en
faveur des époux et des enfants à naître de leur mariage » dont il parle s'entend également de la donation de biens à venir et de celle de biens présents.
On a pu discuter l'application de l'article 1086 aux
donations de biens présents de l'article 1081 : on
ne peut pas refuser de combiner les articles 1082
et 1086.

Il est vrai que la seconde partie de l'article ne
parle que des biens présents : « En cas que le donateur par contrat de mariage se soit réservé la liberté de disposer d'un effet compris dans la donation
de *biens présents,* ou d'une somme fixe à prendre
sur ces mêmes biens, l'effet ou la somme, s'il meurt
sans en avoir disposé, seront censés compris dans la
donation et appartiendront au donataire ou à ses
héritiers. » Mais tout en admettant avec M. Demo-

lombe (1) que la rédaction est incorrecte, nous ne saurions voir là un motif de douter ; car cette disposition exceptionnelle, si elle s'applique aux donations de biens présents, doit s'appliquer à fortiori aux donations de biens à venir : car c'est là surtout que se présente l'utilité de la réserve qu'elle comporte. C'est ce que constatait déjà Furgole sur l'article 18 de l'ordonnance de 1731 : « Si dans le cas que la donation en contrat de mariage est de tous biens présents seulement, la chose dont la faculté de disposer a été réservée appartient au donataire quand le donateur n'en a point disposé, cela doit avoir lieu à plus forte raison lorsque la donation est de tous biens présents et à venir. » Du reste, l'inexactitude de rédaction de l'article 1086, qui ne vise que la donation de biens présents, s'explique assez facilement comme opposition à la règle de l'article 946, qui ne visait également, et ne pouvait viser que des biens présents.

Il est facile d'ailleurs d'établir que l'insertion d'une condition potestative de la part du donateur, qui altérait profondément une donation entre-vifs ordinaire, est loin de porter une atteinte aussi profonde à la donation de biens à venir. C'est plutôt une extension nouvelle de sa nature particulière qu'une dérogation à cette nature. Les faveurs dont la loi entoure les donations par contrat de mariage, émanant toutes de cette source commune, dérogation à la règle « donner et retenir ne vaut : » entre la donation de biens à venir

---

(1) *Cours. de code Napoléon.* liv. III, t. II. *Donations et testaments,* c. viii, § II.

ordinaire et la donation de biens à venir modifiée par
les conditions potestatives de l'article 1086 il n'y a
qu'une question de plus ou de moins, il n'y a pas une
modification essentielle.

Seulement il arrivera ainsi, par la combinaison des
articles 1082 et 1086, que l'irrévocabilité, qui est le caractère de la donation de biens à venir, ne sera plus
guère que théorique, car l'instituant pourra s'en jouer
d'une façon presque absolue, en empêchant la condition de se réaliser, ou en forçant par l'imposition de
charges trop lourdes le donataire à renoncer au don.

CHAPITRE III

DES CONDITIONS D'EXISTENCE ET DE VALIDITÉ DE LA DONATION DE BIENS A VENIR

§ 1. — *De la forme des donations de biens à venir.*

« La première condition nécessaire pour la validité
des institutions contractuelles est qu'elles soient faites
dans des contrats de mariage ; parce que l'institution
d'héritiers et la donation universelle de biens présents
et à venir, contraires au droit civil et à notre coutume
qui ne permet pas de choisir nous-mêmes un héritier
et qui ne veut pas que nous en ayons d'autres que
ceux que la loi du sang nous a donnés, n'ont été
admises que par la faveur extrême des contrats de
mariage. La disposition de notre coutume y est précise

ainsi qu'il paraît par ces mots dudit article (219) :
faites en contrat de mariage (1) ». Les termes de
l'article 1082 et la rubrique du chapitre VIII ne sont
pas moins formels que n'était l'article 219 de la coutume du Bourbonnais.

Le législateur exige qu'elle soit faite par le contrat
de mariage lui-même : il ne lui suffit pas que la donation soit faite en contemplation de mariage, ce qui
laisserait subsister une donation de biens à venir, faite
par acte authentique avant ou après le contrat, pourvu
qu'elle fût antérieure à la célébration du mariage et
qu'on vît clairement qu'elle est faite en faveur du mariage. Cette opinion se justifie par les motifs mêmes
de la loi. La dérogation aux principes ordinaires de la
donation qu'autorise l'article 1082 n'a qu'un but :
encourager le mariage. Dès l'instant que le mariage
intervient sans ces donations, celles-ci n'ont plus droit
aux faveurs du législateur. La cause a cessé : *Quia
non potest dici contrahentes aliter non fuisse con-
tracturos, qui jam contraxerunt* (2). Et dans la pratique, si le contrat de mariage est intervenu sans que les
donations se soient produites, on peut bien dire que le
mariage lui-même n'a pas besoin de cet encouragement pour s'effectuer : car c'est précisément dans le
règlement des intérêts pécuniaires de l'association
conjugale, que les libéralités des tiers peuvent avoir
des influences décisives.

Il est à remarquer aussi que les donations de biens

(1) Auroux des Pommiers. Sur l'art. 19 de la *Coutume du Bourbonnais*.
(2) Favre, *De erroribus pragmat.* Déc. 28. Err. 6, n° 11.

à venir apportent une dérogation considérable au droit
commun, dérogation dont l'effet n'est pas seulement
immédiat mais se prolongera pendant longtemps dans
l'avenir. Le régime matrimonial auquel se soumettent
les époux produit également quelque chose d'analogue, et peut apporter, pour un avenir plus ou
moins long, des dérogations considérables au droit
commun de la propriété. Il y avait une utilité pratique à réunir dans un même acte irrévocable cet
ensemble de dispositions exceptionnelles, concourant
à un même but.

Le contrat de mariage est un contrat solennel, exigeant le concours de deux notaires ou d'un notaire
et de deux témoins instrumentaires. Mais la présence
au contrat du second notaire ou des deux témoins,
qu'exige l'article 2 de la loi du 21 juin 1843 pour les
donations entre-vifs et les donations entre époux, n'est
pas exigée au contraire pour les donations de biens à
venir. Ceci résulte clairement tant des termes de la loi
elle-même, qui sont restrictifs et qui n'énoncent pas le
contrat de mariage, que de la discussion qui a précédé
le vote de la loi. Le contrat de mariage avait en effet
été mis d'abord au même rang que les donations
entre-vifs, les donations entre époux et les autres
actes, pour lesquels la présence au contrat du second
notaire ou des deux témoins est exigée, et il fut
retranché de l'énumération dans la suite de la discussion.

On s'est demandé si le contrat de mariage, qui contient la donation, doit être l'œuvre personnelle du
notaire, si les parties ne pourraient pas écrire elles-
mêmes leurs conventions et les remettre au notaire

qui dresserait procès-verbal du dépôt. Ce procès-verbal garantit l'authenticité de la date du dépôt et celle des signatures : nous avons ainsi l'expression de la volonté des parties constatée par un notaire : qu'importe la forme? Il est même un cas, poursuit-on, où ce procès-verbal de remise des conventions est plus simple et plus sûr que la rédaction par le notaire, c'est dans le cas où un mineur, n'ayant plus ses ascendants, fait approuver son projet de conventions matrimoniales par son conseil de famille, présidé par le juge de paix. Le projet de contrat est transcrit sur les minutes du greffe : un extrait de ces minutes est remis au notaire, qui le copie et ne peut le modifier. Ne serait-il pas plus sûr de se borner, au lieu d'une transcription, à un procès-verbal de dépôt? Ce serait assurément pratique et raisonnable! Nous n'y faisons qu'une objection : le procès-verbal de dépôt d'actes sous seing privé n'a, en général, qu'un effet parfaitement reconnu, c'est d'assurer l'authenticité de la convention contenue dans l'acte déposé. Il faudrait reconnaître ici que le procès-verbal de dépôt changeât la nature de la convention et d'un projet sans valeur fît un véritable contrat de mariage. C'est difficile à admettre (1).

La donation de biens à venir est considérée comme faite par contrat de mariage, bien qu'elle se produise entre le contrat et la célébration du mariage, pourvu qu'elle soit faite dans la forme prescrite par les articles 1396 et 1397. Cette disposition nouvelle, en effet,

____

(1) *Contra*, Bonnet, *Dispositions pour contrat de mariage*, t. II, p. 536.

à laquelle toutes les parties ont souscrit, s'incorpore pour ainsi dire au contrat et ne fait avec lui qu'un seul et même tout. Si l'on peut dire avec Montaigne que « dans le mariage il n'y a que l'entrée de libre (1), » tout au moins cette liberté subsiste-t-elle jusqu'à l'accomplissement du mariage. Et l'accomplissement des formalités, prescrites par les articles 1396 et 1397, donne autant de garantie au supplément du contrat de mariage, qu'à ce contrat lui-même.

Mais toute donation faite aux futurs époux avant le mariage, en dehors du contrat, ou ce qui revient au même, sans se conformer aux dispositions des articles 1396 et 1397, n'aurait de valeur qu'en tant que donation ordinaire, tirant force et vertu du droit commun.

Toutefois la règle *Locus regit actum* nous oblige à admettre la validité d'un contrat de mariage, même sous seing privé, lorsqu'il est passé à l'étranger, dans un pays dont la législation admet cette simple forme : nous en concluons par là même que ce contrat pourrait contenir des donations de biens à venir (2). Si la loi du pays toutefois permettait de faire le contrat de mariage, après la célébration même du mariage, nous n'irions pas jusqu'à reconnaître la validité des donations de biens à venir, faites par des tiers dans ce contrat. La question de forme se change en une question de capacité : la loi nationale régit toujours la capacité des parties (art. 3 C.C.). Les donations de biens à venir sont en effet prohibées en principe : seuls les futurs

---

(1) *Essais*, l. I, ch. xxvii.

(2) Paris, 22 novembre 1828. (Dalloz, *Répert.*, v° *Contrat de mariage*, n° 272.)

époux ont capacité de les recevoir, et cette capacité exceptionnelle ne résulte que du désir du législateur d'encourager le mariage. Ce motif n'existe plus une fois le mariage accompli, et les parties ont perdu cette capacité exceptionnelle, attachée à la qualité de futurs époux.

Rien n'empêche d'ailleurs que plusieurs personnes n'interviennent au contrat de mariage, pour faire chacune à l'un des futurs époux ou à tous les deux des donations de biens à venir. L'article 968, relatif aux testaments, ne peut en aucune façon s'appliquer à de pareilles donations, quelques analogies que nous ayons rencontrées entre notre institution et les dispositions testamentaires.

Les donations faites par contrat de mariage sont dispensées de l'obligation d'acceptation formelle, à laquelle sont soumises les donations ordinaires. Cette rigueur formaliste de l'acceptation dans les donations entre-vifs n'est en effet qu'un vestige de la malveillance de notre ancien droit pour les donations entre-vifs, et ne saurait subsister à l'égard de dispositions, que le code entoure de tant de faveurs. Là se borne d'ailleurs la portée de l'article 1087 : car la donation de biens à venir ne peut résulter que d'une offre et d'une acceptation, comme tout acte formé de l'accord de deux volontés. L'acceptation est présumée résulter de la signature du contrat de mariage par les parties, ou de la mention qu'elles ne peuvent ou ne savent signer : rien de plus, et c'est très raisonnable.

C'était d'ailleurs la règle de l'ancien droit : « A l'égard des donations en faveur du mariage et institutions contractuelles des mariés, l'exécution et accomplissement du mariage opère la même chose qu'une acceptation formelle (1). »

La faveur des donations par contrat de mariage et les principes du droit moderne nous conduisent également à dire que l'expression de l'article 1082 : « Donation de tout ou partie des biens, que le donateur laissera à son décès », n'a rien de sacramentel. Le formalisme de l'ancien droit avait déjà cédé lui-même de sa rigueur, en faveur de ces donations. « De quelque manière que la donation portée par des contrats de mariage se trouve conçue, disait Charobl, soit à cause de mort, soit qu'elle ne doive prendre naissance qu'après la mort, soit que le disposant se dessaisisse, soit qu'il donne et qu'il retienne, ces circonstances deviennent également indifférentes, la disposition vaut dans toute son étendue (2). » Les termes employés seront appréciés par les tribunaux et ce n'est pas chose sans difficulté. La pratique ne renonce pas aussi facilement que le législateur à des locutions surannées, et l'ancien droit avait, en cette matière, de nombreuses formules locales, où il est difficile de découvrir l'intention des parties. C'est ainsi que la Coutume de Normandie, sous le nom de « Rappel à succession », établi au profit des filles, reconnaissait une véritable institution contractuelle, maintenue comme telle par la jurisprudence moderne (3).

Au lieu d'une formule locale et technique, les parties peuvent employer des expressions plus larges et plus complètes : par exemple, donation de ses biens

(1) Boucheul, *Des conventions de succéder*, ch. xxvii, n° 30.
(2) Sur le ch. xiv, art. 13 de la Coutume d'Auvergne.
(3) Cass. 8 déc. 1837. (Dalloz, 38, 1, 57.)

avec réserve d'usufruit, donation avec interdiction
pour le donateur de les aliéner à aucun titre que
ce puisse être. Ce sera encore là une question d'interprétation, que de savoir s'il s'agit de la donation de
biens à venir de l'article 1082, ou de la donation de la
nue-propriété de certains biens. Dans cette matière
d'ailleurs, la jurisprudence tend à unifier les libéralités, et à les enfermer toutes dans le cadre de l'article
1082, en respectant toutefois la commune intention
des parties, telle qu'elle ressort des clauses de l'acte, et
de la pratique ainsi que du langage de la localité (1).

La promesse d'instituer produisait dans l'ancien
droit les mêmes effets que l'institution elle-même (2).
Il doit en être de même aujourd'hui : on néglige
la forme pour rechercher la volonté des parties. La
promesse d'instituer n'aura de valeur, qu'autant qu'on
lui reconnaîtra le même effet qu'à l'institution elle-
même. Car si elle ne produit pas d'effet au moment
même du contrat de mariage, elle n'en produira jamais, l'institution contractuelle ne pouvant résulter
que de ce contrat. D'ailleurs ce qui a été établi par le
code, relativement à la promesse de vente (art. 1589 C. C.),
autorise pleinement ici cette interprétation. Seulement
la promesse de donation devra être enfermée dans un
contrat de mariage en forme, et réunir les conditions
requises pour la validité de la donation elle-même.

Nous admettrions encore l'efficacité de la promesse
de donner en tant que donation même, quoique la

<hr/>

(1) Cass. 20 nov. 1833. (Sirey, 38, I, 851.)
(2) Boucheul, *Des conventions de succéder*, ch. i, n° 12. — Furgole,
sur l'art. 13 de l'Ordonnance de 1731. — *Contra*, Laurière, *Inst. et
subst. contractuelles*, ch. iv, n°s 23, 24, 25.

promesse ait été dans la suite formellement réalisée par un testament. Le droit du donataire résultera directement du contrat de mariage ; le testament n'a pas pu le modifier, il n'a pu qu'étendre les droits du donataire.

Deux questions nous restent à examiner, pour terminer ce qui concerne la forme des donations de biens à venir : Sont-elles soumises quant aux objets mobiliers, à la formalité de l'état estimatif, signé du donateur et du donataire, exigé par l'article 948 du code civil, et quant aux immeubles à la nécessité de la transcription prescrite par l'article 939 du code civil.

Pour l'état estimatif, il ne saurait en être question, lorsqu'il s'agit d'une donation de biens à venir universelle ou à titre universel : comment savoir en effet à l'avance les meubles que l'on aura à son décès? S'il s'agit d'une donation à titre particulier au contraire, il faudra décrire et estimer les objets donnés, pour les reconnaître d'abord, et ensuite pour fixer le recours qu'aurait le donataire, dans le cas où le donateur aurait postérieurement donné les mêmes meubles à un tiers, en situation d'invoquer l'article 1141 du code civil.

La question est d'une solution plus difficile lorsqu'il s'agit de la transcription, et la lutte est encore vive. Quelques auteurs, soutenant d'une façon générale que le donataire postérieur est sans droit, pour opposer le défaut de transcription au donataire antérieur, en concluent que la transcription des donations de biens à venir n'a aucune utilité. Ceci se rattache à l'interprétation de l'article 941 du Code civil ; transcrite ou non, la donation de biens à venir, comme toute donation, serait toujours opposable à des donataires postérieurs ;

d'autre part l'institution contractuelle, de son essence,
ne peut nuire aux acquéreurs à titre onéreux postérieurs ; ceux-ci n'ont que faire par conséquent de la
protection de l'article 939.

Mais cette interprétation de l'article 941 est loin
d'être acceptée par tout le monde : même parmi ceux
qui admettent que le défaut de transcription peut être
opposé par un donataire postérieur, il en est, comme
M. Demolombe (1), qui distinguent entre la donation
entre-vifs ordinaire et la donation de biens à venir, et
qui soutiennent que cette dernière n'est pas soumise
à la nécessité de la transcription. Leur principal argument est que la donation de biens à venir n'est pas
actuellement translative de propriété, et que, de plus,
elle ne constitue pas une mutation entre-vifs, mais
bien une mutation par décès. C'est retomber, on le
voit, dans cette grosse question de la nature véritable
de la donation de biens à venir.

Quoi qu'il en soit, nous nous rangerons plus volontiers du côté des partisans de la transcription, et nous
remarquerons avec M. Bonnet (2) que dans l'ancien
droit on était généralement d'accord sur la nécessité
de faire insinuer les institutions contractuelles. La
question avait été vivement débattue, c'est vrai, au
point de vue théorique : mais l'usage de l'insinuation
avait triomphé. Lebrun (3) et Boucheul (4) en témoignent ; et l'ordonnance de 1731 avait levé tous les
doutes (art. 19 et 20). Ceci est un précédent consi-

(1) *Cours. de Code Napoléon*, t. VI, p. 313.
(2) *Dispositions pour contrat de mariage*, t. II, nᵒˢ 686 à 691.
(3) *Des successions*, liv. III, ch. ii, nᵒ 16.
(4) *Des conventions de succéder*, ch. xxviii, nᵒ 78.

dérable dans une matière, où le droit antérieur est la source la plus féconde. Joignons à cela un argument de texte : le Code règle les formalités des donations : puis dans l'article 947 il déclare que les articles 943, 944, 945, et 946 ne s'appliquent pas aux donations en faveur du mariage. Ceci implique virtuellement que l'article 939, qui ordonne la transcription de toute donation de biens susceptibles d'hypothèques, s'applique au contraire à ces donations. Qu'on ne dise pas que le même argument nous ferait admettre la nécessité de l'état estimatif des meubles, prescrit par l'article 948 : ici, comme nous l'avons montré, c'est la nature des choses qui s'y oppose.

On nous dit que la donation de biens à venir ne constitue pas une mutation entre-vifs : mais rien n'est moins prouvé ! La donation de biens à venir ne participe pas moins de la donation que du testament, et il suffit que le donateur ait perdu le droit de disposer à titre gratuit, pour qu'il y ait eu de sa part autre chose qu'une disposition testamentaire. D'ailleurs si la loi n'a pas exigé la transcription des testaments, c'est un défaut dans le système général de la propriété immobilière; défaut maintenu par des raisons qui ne s'appliquent pas à la donation de biens à venir. Le légataire ignore souvent le legs dont il est gratifié, et il y aurait un danger très grand à subordonner son droit à l'égard de certains tiers, à l'accomplissement d'une formalité, qu'il n'a pas été en son pouvoir de remplir.

On ne saurait nier en tous cas l'utilité pratique de la transcription des donations de biens à venir. Cette utilité est manifeste au point de vue d'un second donataire, qui n'a assumé les lourdes charges du mariage, qu'en considération d'une donation de biens à venir, qui lui aurait permis de les supporter. Il a bien un recours contre le donateur (art. 1440 et 1547 C.C.); mais ce recours n'est pas efficace si le donateur a donné toute sa fortune, ou l'a grevée de dettes, à ce point que le second donataire ne trouve aucune valeur sur laquelle il puisse se venger. L'intérêt est encore plus considérable pour les ayants-cause à titre onéreux de ce second donataire. Enfin si le donataire de biens à venir ne fait pas transcrire, et si le donateur hypothèque les biens donnés à la sûreté de la dette d'autrui, cette hypothèque est nulle à l'égard du donataire de biens à venir, puisqu'elle est un avantage gratuit. Dira-t-on encore que le créancier hypothécaire n'avait pas d'intérêt à connaître la donation de biens à venir ? Il n'avait pourtant aucun moyen de s'assurer de l'existence de cette donation. La transcription empêchera ainsi une fraude commode et désastreuse.

Elle a encore une autre utilité, en prévenant les tiers que les héritiers ab intestat du donateur ne sont pas devenus propriétaires des biens de leur auteur, et elle empêchera ainsi toute fraude se produisant de ce chef, et qui peut devenir grave, le recours des tiers acquéreurs contre les héritiers pouvant être illusoire (1).

La transcription de la donation devra se faire au bureau des hypothèques de chaque arrondissement, où se trouvent des biens du donateur, compris dans

(1) *Contra*, Pau, 2 janvier 1827. (Sirey, 1829, II, p. 215.) Cass. 4 février 1867. (Dev. 1867, I, p. 121.)

la donation. Mais une seule transcription une fois faite suffira pour chaque arrondissement. Ceci résulte en effet logiquement du système hypothécaire français, où l'état et la demande d'état sont faits *in personam* et non pas *in rem*. La donation de biens à venir frappe tous les biens acquis par le donateur, depuis la donation ou auparavant, si elle est universelle ou à titre universel, et la transcription a rapport à toutes ces acquisitions.

Les raisons, qui nous ont conduits à exiger la transcription des donations de biens à venir, pourraient faire admettre que le donataire de créances devrait signifier aux tiers la donation et accomplir les formalités prescrites en cas de cession de créances. Et à ce point de vue, quoiqu'il y ait une différence considérable entre la vente de créance, que le législateur n'a pas voulu encourager, et la donation de créance dans un contrat de mariage, le débiteur se libérerait valablement entre les mains du second donataire porteur de la créance, jusqu'à la notification (Art. 1240 C.C.).

Il résulte des règles que nous venons de parcourir que la donation de biens à venir serait entachée de nullité, si elle n'avait pas eu lieu par contrat de mariage ou, ce qui revient au même, si le contrat de mariage dans lequel elle s'est produite était nul lui-même. Ce sont là des vices de forme, que le donateur ne peut réparer qu'en faisant un nouveau contrat de mariage, s'il en est encore temps (1). Cette nullité toutefois ne pourrait plus être demandée, si l'action avait été prescrite : et la prescription s'accomplira par trente an-

_____

(1) Laurent, *Principes de droit civil*, t. XV, p. 251.

nées (art. 1262 C.C.), qui commenceront à courir à compter du décès du donateur. C'est en effet seulement à cette époque que s'ouvre pour ses héritiers le droit d'invoquer la nullité de forme de la donation de biens à venir, puisque c'est à ce moment aussi qu'ils peuvent, au lieu d'attaquer la donation, la confirmer (art. 1340 C.C.).

Le donateur lui-même aura peu d'intérêt à faire tomber la donation : toutefois nous ne voyons pas de texte ni de principe qui l'en empêche, et à son égard, l'action en nullité sera prescrite par trente années à compter de la donation.

§ 2. — *De la capacité du donateur.*

La disposition à titre gratuit est permise à toutes personnes, sauf à celles que la loi déclare incapables : c'est la règle de l'article 902. La généralité des termes de l'article 1082 étend ce principe à la donation de biens à venir. Toutes personnes, parentes ou non parentes du donataire, peuvent intervenir au contrat de mariage de celui-ci et disposer en sa faveur de tout ou partie des biens qu'elles laisseront à leur décès. La capacité est donc la règle, l'incapacité l'exception.

Les causes d'incapacité peuvent être absolues, en ce sens qu'elles empêcheront de disposer indéfiniment et au profit de qui que ce soit : elles seront au contraire relatives, lorsque l'obstacle à la libéralité n'existera qu'à l'encontre de certaines personnes.

La première cause d'incapacité et la plus générale résulte de l'article 901 du code civil : c'est l'absence de raison de la part du disposant. Nous nous plaçons

dans l'hypothèse du simple fait, où l'absence de raison
n'est pas constatée par un jugement d'interdiction.
La protection de la loi pour celui qui n'a pas assez de
raison pour sauvegarder lui-même ses intérêts, n'a rien
que de très raisonnable. Toutefois cette protection ne
doit pas être telle, qu'elle devienne une injustice à
l'égard des tiers ; c'est précisément dans ce but, pour
limiter cette protection, qu'est intervenue la disposition
· de l'article 504, qui, après la mort d'un individu, ne permet d'attaquer pour cause de démence les actes qu'il a
faits, qu'autant que son interdiction a été prononcée
ou provoquée avant son décès : à moins que la preuve
de la démence ne résulte de l'acte même qui est atta-
qué. La preuve de la démence est en effet difficile et
périlleuse, lorsque la personne dont la raison est mise
en doute n'existe plus. De plus, toutes les fois qu'une
personne se trouve dans le cas d'être interdite, la loi
désire qu'on fasse prononcer l'interdiction, et la dé-
chéance de l'article 504 est comme une punition
d'avoir différé à la faire prononcer (1).

Mais nous ne pensons pas que l'article 504 puisse
s'appliquer aux donations et aux testaments. L'article 901 exige en effet pour ces actes une sanité
d'esprit plus complète que pour tous les autres : c'est
au moins ce qui nous paraît résulter de l'examen
historique de sa rédaction (2).

La première rédaction, proposée par la commission
de législation, portait « que la preuve par témoins de
la démence du donateur non interdit n'est admise

(1) M. Beudant à son cours, titre : *De la majorité et de l'interdiction*, art. 504.
(2) Cass. Civ. rej. 7 mars 1864. (Sirey, 64. I, p. 163.)

que lorsque l'interdiction a été provoquée du vivant
du donateur, ou lorsque celui-ci n'ayant survécu que
six mois à la donation il existe un commencement de
preuve par écrit résultant soit de l'acte même, soit d'actes
extérieurs. » — La section de législation du conseil
d'État en substitua une autre qui renvoyait formellement à l'article 504 : « Ces actes ne pourront être
attaqués pour cause de démence que dans les cas et
de la manière prescrite par l'article 504. » — Aucune
de ces deux rédactions n'a été adoptée, et l'article 901
est sorti de la discussion tel qu'il est aujourd'hui :
« Pour faire une donation il faut être sain d'esprit. »

D'autre part, à la discussion du titre de la Majorité
et de l'Interdiction, le rapporteur, M. Emmery, déclara
que l'article 504 ne s'appliquait pas aux donations :
c'était confirmer la rédaction définitive de l'article 901
et en montrer le sens! L'insanité, c'est-à-dire l'absence de raison chez le donateur non interdit, est
donc une cause de nullité de la donation de biens à
venir, sans qu'on ait à tenir compte des restrictions
de l'article 504 (1).

Disons aussi que l'article 901 fait encore exception
à l'article 503, qui dispose que les actes antérieurs à
l'interdiction pourront être annulés, si la cause de
l'interdiction existait notoirement à l'époque où ces
actes ont été faits. C'est le même ordre d'idées que
l'article 504. Bien plus, on peut très bien induire des
termes mêmes de l'article 503, qu'il ne s'applique
qu'aux actes à titre onéreux. Qu'importait en effet
pour un donataire que la démence ait existé notoire-

(1) Locré, *Législation*, t. XI, p. 132 et p. 334.

ment ou non à l'époque de la donation? Cette distinction n'a sa raison d'être, que pour les actes à titre onéreux.

La généralité des termes de l'article 901 nous conduit encore à dire que toute cause, même temporaire, troublant la raison du donateur peut engendrer la nullité de la donation, comme l'ivresse, la colère, une passion violente, une haine excessive et inexplicable contre ses héritiers. « Les circonstances peuvent être telles, dit Bigot-Préameneu, que la volonté de celui qui dispose n'ait pas été libre ou qu'il ait été entièrement dominé par une passion injuste. C'est la sagesse des tribunaux, qui pourra seule apprécier ces faits, et tenir la balance entre la foi due aux actes et l'intérêt des familles. Ils empêcheront qu'elles ne soient dépouillées par des gens avides, qui subjuguent, ou par l'effet d'une haine, que la raison et la nature condamnent (1). »

Si la démence a amené l'interdiction judiciaire, à la nullité résultant de l'article 901 se joindra celle de l'article 502, qui crée pour l'interdit une présomption légale d'incapacité. En effet, une fois l'interdiction prononcée, tous actes à titre onéreux ou à titre gratuit passés par lui sont annulables de droit, sans qu'on ait à distinguer s'ils sont intervenus ou non dans un intervalle lucide (2). L'incapacité créée par l'article 502 est continue, du jour de l'interdiction au jour de la mainlevée. Ceci la distingue de l'incapacité fondée sur la simple absence de raison qui peut être interrompue par des instants de lucidité, pendant lesquels le dispo-

(1) Locré, *Législation*, t. XI, p. 365.
(2) Aubry et Rau, t. VII, p. 14.

sant serait pleinement capable. Aussi la preuve contraire, tendant à établir que la libéralité aurait été faite dans un intervalle lucide, est-elle toujours admissible, si la demande en nullité est fondée sur l'article 901.

En vertu de la loi du 30 juin 1838 (art. 39) ce que nous disons des interdits doit s'entendre aussi des personnes non interdites, placées dans une maison d'aliénés, pour le temps où elles y auront été retenues.

Pas plus que l'interdit, l'individu pourvu d'un conseil judiciaire ne peut faire une donation de biens à venir, car donner c'est aliéner, et l'interdiction d'aliéner résulte pour lui des articles 499 et 513 du code civil.

L'interdiction légale entraîne l'incapacité de faire des donations de biens à venir, comme l'interdiction judiciaire (1). Cette incapacité est reproduite tout spécialement par la loi du 31 mai 1854, qui y ajoute, pour le condamné à une peine afflictive perpétuelle, l'incapacité de tester et l'incapacité de recevoir à titre gratuit, excepté pour cause d'aliments. Sans établir de parallèle entre l'incapacité résultant de l'interdiction légale, et celle résultant de la loi de 1854, d'autant que la plupart du temps ces deux incapacités se confondent, remarquons seulement que la grâce, qui mettrait fin à l'interdiction légale, en faisant cesser la peine principale, laisserait subsister l'incapacité résultant de la loi de 1854.

A un autre point de vue, il est bon d'observer aussi que l'article 13 de la loi du 25 mars 1873, par dérogation à la loi du 31 mai 1854, permet aux condamnés

(1) Cette opinion est rejetée par M. Anouilh. (Rev. hist., t. VI, 1860, p. 399.)

de disposer de leurs biens, dans quelque lieu qu'ils soient situés, soit par acte entre-vifs, soit par testament en faveur de leur conjoint habitant avec eux. La donation de biens à venir, au cas où le condamné se marierait au lieu de la déportation, est évidemment comprise dans ces termes généraux : mais elle ne peut s'adresser qu'au futur conjoint et à condition qu'il habite avec le condamné. On voit ici le motif de la loi : c'est une idée de colonisation, qui d'ailleurs se développera plus visiblement encore dans les autres dispositions qu'elle renferme.

Quoique sain d'esprit, le mineur n'est pas considéré par la loi comme assez maître de ses facultés, pour disposer valablement à titre gratuit (art. 903 C.C.). Il est en principe incapable de faire une donation de biens à venir, comme toute autre donation.

Cependant l'article 1095 du code civil établit une exception à cette règle. Il est permis au mineur de faire, par contrat de mariage, à son futur conjoint toutes les donations que pourrait faire un époux majeur, à la seule condition du consentement et de l'assistance de ceux, dont le consentement est requis pour la validité de son mariage. C'eût été, en effet, mal protéger le mineur, que de lui enlever le droit de faire des libéralités, qui peuvent faciliter son établissement, et qui d'ailleurs sont sauvegardées par la surveillance de ceux dont le consentement est nécessaire.

La troisième incapacité, que nous rencontrons dans le titre des Donations, est celle de la femme mariée. L'article 905 lui interdit de faire une donation entre-vifs, sans l'autorisation de son mari ou de justice. La donation de biens à venir est comprise dans cette prohi-

bition. Grenier a soutenu le contraire, en prétendant
que la donation de biens à venir n'emportait pas aliéna
tion, qu'elle n'était qu'une donation de succession (1).
C'est toujours la grande question de la nature véritable de la donation de biens à venir. Nous avons vu,
au contraire, que l'aliénation était parfaitement réelle,
puisque la femme aliène au moins le droit de disposer
dans l'avenir à titre gratuit, si elle n'aliène pas autre
chose : ceci suffit à justifier son incapacité.

A un autre point de vue on aurait pu justifier
l'opinion de Grenier, en soutenant que l'autorisation
n'étant nécessitée que par l'intérêt de l'autorité maritale, cette autorisation n'était pas plus nécessaire pour
la donation de biens à venir, que pour le testament,
puisque l'une et l'autre ne sont destinés à produire
leur effet, qu'à un moment où l'autorité maritale
n'existera plus, au moment du décès de la femme.
Mais l'argument pécherait encore par la base : la
nécessité de l'autorisation du mari repose tout autant
sur la protection des intérêts collectifs de la famille,
que sur la sauvegarde de la dignité maritale. Et dans
tous les cas les « bonnes mœurs et l'honnêteté publique
ne permettent pas à la femme d'avoir communication
d'affaires avec autrui, sans le su et le congé de son
mari, pour éviter suspicion » (2).

L'incapacité de la femme mariée, au point de vue
des donations de biens à venir qu'elle peut faire, est
en principe indépendante du régime matrimonial

(1) Grenier, *Traité des donations et testaments*, 3ᵉ partie, c. III,
section II, nᵒ 431.
(2) Bouhier, *Observations sur la coutume du duché de Bourgogne*,
c. XIX, nᵒˢ 46 à 51.

9

adopté par les époux. Il est cependant un cas, où ce régime restreint encore la capacité de la femme, qui veut disposer au profit de ses enfants par donation de biens à venir ou autrement : c'est le cas de l'article 1556 du régime dotal. Il résulte de ce texte, combiné avec celui qui le précède, que la femme qui veut disposer de ses biens dotaux pour l'établissement des enfants communs, ne peut le faire qu'avec l'autorisation de son mari. Pour cette hypothèse exceptionnelle, l'autorisation de justice ne peut suppléer celle du mari.

On ne peut justifier d'ailleurs cette disposition que par la considération suivante : la loi tend à restreindre le plus possible les exceptions au principe d'inaliénabilité posé dans l'article 1554 : elle suppose que si le mari refuse d'autoriser sa femme à disposer de ses biens pour l'établissement des enfants communs, c'est que la donation est inopportune : elle se fie à ses sentiments de père, et passe outre, ne jugeant pas à propos de faire exception à la règle première, dans un intérêt aussi douteux.

L'article 1449, qui permet à la femme séparée de biens de disposer de son mobilier et de l'aliéner sans autorisation, ne comporte pas pour elle le droit de faire de ce mobilier une donation de biens à venir, sans l'autorisation de son mari ou de justice. L'article 217 combiné avec l'article 1449 s'y oppose : le mot disposer, en effet, de l'article 1449 peut s'entendre d'autre chose que de donner.

L'incapacité de la femme mariée nous conduit à examiner une question, qui s'y rattache peut-être plutôt en apparence qu'en réalité, mais qui peut cepen-

dant trouver ici sa place ; c'est la suivante : la femme
peut-elle disposer de ses immeubles dotaux par donation de biens à venir ? Nous avons examiné la question
pour le cas où le donataire serait un des enfants de la
femme. S'il s'agit d'un étranger, la femme peut-elle
également disposer à son profit ? Ce n'est plus une
question de capacité proprement dite : nous n'avons
plus à voir si la femme est ou non autorisée, c'est
plutôt une question de disponibilité. L'affirmative est
soutenue par de très bons esprits, et les motifs qu'ils
donnent à l'appui sont assez bien résumés dans un
arrêt de la cour de Bordeaux du 8 mai 1871 (1).
Toute l'argumentation est celle-ci : la donation de
biens à venir ne dépouille le donateur d'aucun droit :
c'est un testament irrévocable, qui n'ayant d'effet qu'à
la mort du donateur, ne porte en réalité que sur des
biens qui ont cessé d'être dotaux.

Ce que nous avons dit précédemment réfute déjà
cette théorie : comment affirmer en effet qu'il suffit
de reculer l'effet des engagements de la femme, pour
les rendre valables ? Et n'est-ce pas précisément dans
cette hypothèse que ressort le plus manifestement
l'aliénation proprement dite, le dépouillement réel
du donateur ? La faculté de révoquer sa donation par
un acte à titre onéreux n'existe guère en effet qu'en
théorie pour la femme dotale obligée, de subir les
entraves de l'article 1558, pour faire une aliénation à
titre onéreux. — Bien plus, le résultat le plus clair
de la donation de biens à venir qu'elle aurait consentie
au profit d'un étranger serait précisément de priver

(1) Sirey, 71. II, p. 241.

la femme de la faculté de doter dans l'avenir ses enfants : cas tout spécial dans lequel la loi lui permet une libéralité (art. 1555 et 1556 C. C.) (1). Assurément voilà qui est étrange ! Et il faut pousser bien loin l'application de ce principe définitivement abrogé qui fait considérer la donation de biens à venir comme une donation à cause de mort !

Pour nous, qui préférons interpréter les textes tels qu'ils sont, plutôt que de les corriger, en remontant aux sources dont ils découlent, sans tenir compte des transformations qu'ils ont subies, nous ne pouvons pas voir dans la donation de biens à venir autre chose qu'une donation entre-vifs, spéciale il est vrai, mais bien différente de la disposition à cause de mort. Qui dit donation, dit aliénation ; or l'article 1554 est formel et interdit l'aliénation des immeubles dotaux : nous ne saurions voir d'autres exceptions à cette règle, que celles écrites dans les articles qui suivent. Nos adversaires nous diront bien que dans les pays de droit écrit la femme pouvait, avec l'autorisation maritale, faire une institution contractuelle, et que le code civil a entendu maintenir le régime dotal tel qu'il existait dans les pays de droit écrit; nous sommes d'accord : mais encore ne faut-il pas que la tradition soit en opposition avec des textes aussi formels que ceux des articles 1552 et suivants (2).

Si au lieu d'immeubles dotaux nous supposons des meubles, la solution dépendra de l'avis qu'on prendra

---

(1) Aubry et Rau, t. VIII, p. 62, note 9.
(2) Agen, 21 juillet 1873 (Sirey, 73. II, p. 182) Rouen, 2 juin 1874. (Sirey 74. II, p. 203).

sur la question de l'aliénabilité ou de l'inaliénabilité de la dot mobilière. Si nous supposons que les meubles dotaux sont inaliénables, ilfaudra admettre la solution donnée pour les immeubles. Pour nous, qui considérons la dot mobilière comme aliénable, en nous, renfermant strictement dans les textes du régime dotal, nous croyons que la femme pourra en disposer par donation de biens à venir avec l'autorisation de son mari ou de justice.

Le mari commun en biens, dont les droits sont limités par l'article 1422, peut faire seul sur les biens de la communauté des donations de biens à venir au profit des enfants communs. Une semblable donation faite à un étranger sur les biens de communauté par le mari et par la femme conjointement est encore valable : sans cela il faudrait admettre que les immeubles communs sont, au point de vue d'une aliénation à titre gratuit, frappés, pendant la durée de la communauté, d'une indisponibilité complète, qui cependant n'est nulle part établie. Le contraire même résulte de l'article 1419 et des principes de la communauté.

Supposons la donation de biens à venir faite par le mari seul sur les biens de communauté : elle aura son plein effet, croyons-nous, dans le cas où, par suite de la renonciation de la femme ou du partage, les biens donnés se trouveront la propriété du mari. S'ils tombent au contraire dans le lot de la femme acceptante, le mari ou ses héritiers devront une indemnité au donataire. Cette indemnité, s'il s'agissait d'une donation ordinaire, ne serait calculée que sur la moitié de la valeur de l'objet donné qui est tombé au lot de la femme. Mais en matière de donations par contrat de mariage le principe des articles 1440 et 1547, sur la garantie de ces donations, nous conduit à appliquer une règle analogue à celle qui régit les dispositions testamentaires dans l'article 1423 : l'indemnité devra être l'équivalent de la donation totale.

Devrons-nous appliquer, en matière de donations de biens à venir, les règles écrites pour les testaments, quant à l'époque où est exigée la capacité du donateur? Autrement dit, faudra-t-il exiger cette capacité à la fois au moment du contrat de mariage, dans lequel intervient la donation et au moment de la mort du donateur? Pour nous la question n'est pas douteuse : c'est au moment de la donation que le donateur se dépouille : dès cet instant il est irrévocablement lié et la donation s'accomplira malgré son désir de la révoquer. Dès lors il n'y a rien là des motifs, qui, pour le testament, font exiger la capacité du testateur au moment de la disposition et au moment de sa mort.

Nous en conclurons, qu'un donateur, condamné à une peine afflictive perpétuelle, après le contrat de mariage dans lequel il a fait une donation de biens à venir, n'en sera pas moins assuré de l'accomplissement de la donation qu'il a faite, après son décès, bien qu'il ait perdu la capacité de disposer, en vertu de la loi du 31 mai 1854.

Les incapacités relatives de donner et de recevoir, créées par les articles 907, 908, 909 et 911 du Code civil pour les donations ordinaires, s'appliquent également aux donations de biens à venir. Le mineur devenu majeur ne peut faire une donation de biens à venir au profit de celui qui aura été son tuteur, à moins qu'il ne soit son ascendant (hypothèse où la donation de biens à venir interviendra très rarement), si le compte de tutelle n'a été préalablement rendu et apuré. Les enfants naturels ne pourront rien recevoir au delà de la mesure fixée par le Code. Le médecin ne peut pas recevoir de son malade une donation de biens à venir, en dehors des termes de l'article 909. La question ne s'élève pas pour les ministres du culte catholique, mais pour ceux des autres cultes reconnus, où le célibat des prêtres n'est pas prescrit, la même règle doit être observée.

L'incapacité du donateur rend nulle, avons-nous vu, la donation qu'il peut faire. Cette nullité sera-t-elle couverte par une prescription de dix ans, comme il est dit à l'article 1304 ou par une prescription de trente ans? La seconde de ces opinions a été très souvent soutenue, et la raison qu'on en a donnée est que cette action en nullité procède de la loi elle-même et qu'elle appartient aux héritiers, non pas du chef du défunt par voie de transmission, mais directement de leur propre chef. Le défunt représentait bien ses héritiers dans les actes à titre onéreux, il ne les représentait pas dans les actes à titre gratuit qui les dépouillent (1). Nous ne saisissons pas bien la force juridique de cette distinction, et nous inclinons à penser que l'action en nullité, dont il est ici question, peut naître aussi bien dans la personne du donateur, que dans celle de ses héritiers, et qu'elle est prescriptible par dix ans, qui courront du jour où l'incapable aura recouvré sa capacité, par exemple, pour le mineur, du

---

(1) Demolombe, t. VI, p. 333. — Aubry et Rau, t. VIII, p. 72. — Laurent, *Principes de droit civil*, t. XV, p. 252.

jour de sa majorité, pour l'interdit du jour de la mainlevée de l'interdiction.

Quant aux nullités résultant des articles 907, 908,
909 et 911 du Code civil, qui émanent également d'une
idée de protection, comme les autres nullités de l'article 1304, nous les soumettrions aussi à la prescription de dix ans établie par cet article.

§ 3. — De la capacité du donataire.

La donation de biens à venir par contrat de mariage peut s'adresser soit aux deux époux, soit à l'un
d'eux. Rien ne s'oppose d'ailleurs à ce qu'ils soient
constitués donataires, chacun pour des parts inégales
ou seulement l'un à défaut de l'autre : ces clauses diverses n'ont rien d'incompatible avec la nature de l'acte.
Subsidiairement, cette donation peut s'adresser aux
enfants ou descendants des époux, mais elle ne saurait
leur être adressée directement ; cette règle résulte clairement de ces mots de l'article 1082 : « dans le cas où
le donateur survivrait à l'époux donataire. » En cela
est abrogée la disposition de la coutume du Bourbonnais, confirmée par l'ordonnance de 1731 (art. 10),
qui permettait d'appeler à la disposition les enfants à
naître du mariage seulement, en excluant les futurs
époux.

Les enfants qu'on peut appeler subsidiairement à
la donation de biens à venir sont ceux à naître du
mariage, en faveur duquel est faite la donation, et pas
d'autres. Les termes assez larges de l'article 1089 ont
pu soulever des doutes ; mais l'article 1082 est trop

formel pour les laisser subsister. D'autant que la doctrine qu'il renferme était déjà celle de l'ancien droit.
« L'espérance de succéder, disait Guy Coquille, est transmise aux enfants issus du même mariage et non aux autres héritiers, parce que la validité de telles convenances est en pure faveur dudit mariage, laquelle faveur regarde la lignée qui en doit issir (1). »

Cette extension de la donation de biens à venir aux enfants à naître du mariage est toujours présumée, quand la donation n'émane pas d'un des futurs époux. Mais cette présomption n'est pas une de celles contre lesquelles la loi refuse toute preuve contraire (art. 1352. 2° C. C.) : elle tombera devant l'expression d'une volonté opposée. Il est difficile de comprendre que le contraire ait pu être soutenu, étant données les libertés exceptionnelles, qu'a le donateur pour affecter de conditions et de restrictions les donations par contrat de mariage. Si l'article 1089 n'établit la caducité de la donation que pour le cas de survivance du donateur au donataire et à sa postérité, c'est qu'il statue sur le *plerumque fit,* et qu'il correspond à la présomption de l'article 1082.

De ce que le donateur peut restreindre sa libéralité aux seuls futurs époux, on peut très bien conclure qu'il peut aussi se réserver la faculté, pour le cas où le donataire prédécéderait, de distribuer inégalement entre ses enfants le bénéfice de la donation. La restriction mise dans le contrat a pour effet d'empêcher le droit des enfants de s'ouvrir : ils n'ont qu'une vocation éventuelle, soumise à une nouvelle manifestation de

_____

(1) Coquille, *Sur la coutume du Nivernais.* Tit. des Donations, ch. XXVII, art. 12.

volonté du donateur. Par ce moyen il peut arriver qu'un seul des enfants des futurs époux profitera de la donation.

Un semblable résultat ne pourrait au contraire jamais être obtenu par une donation de biens à venir, contenant même une substitution expresse, au profit d'un seul des enfants des futurs époux. La généralité de la vocation des enfants et descendants des donataires est de l'essence de la donation de biens à venir, et la volonté du donateur ne peut pas changer une disposition de la loi. En notre matière toute condition illicite étant réputée non écrite, les enfants du donataire partageront également. Dans l'hypothèse précédente il y avait deux faits juridiques, l'un et l'autre autorisés par la loi : dans celle-ci il n'y en a plus qu'un, il faut l'accepter tel que la loi l'a établi.

Les enfants, donataires subsidiaires pour le cas de prédécès des futurs époux, qu'ils aient été visés expressément ou non dans le contrat de mariage, ont un droit personnel : ils viennent *jure suo* à la succession donnée par contrat à leur auteur. Il en résulte que, pour bénéficier de la donation de biens à venir, les enfants ou descendants du donataire prédécédé n'ont pas besoin d'accepter la succession de celui-ci. Même renonçants, ils auront droit à la donation que son décès a fait passer sur leur tête.

La vocation de la descendance de l'institué est générale, et on est d'accord pour admettre qu'on réglera le droit de chacun d'après les règles des successions. Ceci est conforme à ce point de vue, que la donation de biens à venir est la disposition par contrat d'une succession, et aussi à la nécessité des choses. On ne pou-

vait en effet trouver, dans le silence de la loi, un mode
plus satisfaisant de régler le droit particulier de chacun. Les enfants du donataire seront appelés par tête
au bénéfice de la donation, et les petits-enfants par
souches.

Le droit personnel de la descendance du donataire
est absolument indépendant des dispositions, que pourrait faire celui-ci avant que le droit ne se soit ouvert
en sa personne. La désignation que ferait le donataire
d'un de ses enfants, pour profiter de la donation de
biens à venir, qui ne s'ouvrira qu'après son décès, est
absolument nulle. Au décès du donateur, tous les enfants du donataire prédécédé viendraient au bénéfice
de la donation, alors même que la disposition du
donataire aurait été faite avec le consentement du
donateur.

Les enfants naturels reconnus, que légitime précisément l'union, à l'occasion de laquelle intervient la
donation de biens à venir, sont considérés comme des
descendants, compris dans les termes « d'enfants à
naître du mariage ». Ils ont en effet tous les droits des
enfants légitimes, et ils sont à tous les points de vue
considérés comme issus du mariage qui les a légi-
timés (art. 333 C.C.).

Un enfant adoptif, serait-il même adopté par les
deux conjoints, ne saurait en aucune manière, au
contraire, être considéré comme appelé à profiter *jure
suo* de la donation de biens à venir. Cette postérité
fictive n'a pas pu entrer dans les vues du donateur, et
on ne saurait étendre jusque-là l'interprétation du
contrat.

Une substitution fidéicommissaire peut être jointe

à la donation de biens à venir, tout au moins lorsque
le donateur se trouvera dans les conditions imposées
par les articles 1048 à 1075. Mais elle ne produira justement son effet, qu'autant que l'institué recueillera lui-
même la succession de l'instituant, c'est-à-dire qu'autant que la substitution vulgaire, tacite ou expresse,
que contient la donation de biens à venir ne produira
pas le sien. Cette substitution fidéicommissaire se
produit alors avec ses règles propres, et on en conclut
qu'elle peut être établie au profit de tous les enfants
à naître du donataire, et non pas seulement au profit
de ceux à naître du mariage, en vue duquel intervient
la donation de biens à venir (1).

Le droit des enfants issus du mariage du donataire
s'ouvre non seulement par le prédécès de celui-ci,
mais encore, croyons-nous, par sa renonciation.

Ce point pourtant est vivement contesté en raison
des termes de l'article 1082 : « dans le cas où le donateur survivrait à l'époux donataire.» La loi, disent les
adversaires (2) de notre opinion, énonce le cas où le
droit des enfants s'ouvrira : cette hypothèse est la
seule, car nous sommes en matière d'exception et les
termes de la loi ne comportent pas d'extension. A cette
stricte argumentation nous répondrons par le texte de
l'article 1089 qui, quelques lignes plus loin que l'article 1082, établit que la donation est caduque « si le
donateur survit au donataire et à sa postérité ». Nous
avons le droit d'en conclure que la donation ne sera
pas caduque, tant que la postérité du donataire sera en
mesure de la recueillir, ce qui se présente précisément

(1) Bonnet, *Dispositions par contrat de mariage*, n° 380.
(2) Coin-Delisle, art. 1082, n° 43.

dans notre hypothèse : le donataire renonce, ses descendants voient par là même s'ouvrir leur droit. Et puis il ne faut pas exagérer non plus la portée des termes employés par le législateur : nous le voyons souvent au titre des successions se servir des mots « en cas de prédécès » pour ceux-ci « à défaut » (art. 750, 753,759,766, C.C.) : pourquoi ne pas prendre ici la même latitude d'interprétation? Elle n'a rien que de raisonnable (1).

Le principe que la donation de biens à venir ne peut être faite qu'au profit des futurs époux, et subsidiairement de leurs descendants, avait subi une grave atteinte dans l'ancien droit, par l'introduction de l'usage de la « clause d'association ». Cette clause consistait à gratifier d'autres donataires par le contrat de mariage de l'institué, sous forme de charges de cette institution (2). Ecoutons Auroux des Pommiers, sur la coutume du Bourbonnais : « Si un père marie son fils aîné et qu'en le mariant il l'institue son universel héritier, à la charge d'associer ses frères et sœurs pour une certaine portion de l'institution; en ce cas cette substitution fidéicommissaire vaudra au profit des frères et sœurs comme une condition de l'institution » (3).

Merlin a voulu soutenir qu'une pareille clause était encore valable dans notre droit. Son argumentation se base sur l'art. 1121, qui règle l'hypothèse des

(1) Demolombe, t. VI, p. 365.

(2) G. du Rousseau de la Combe, *Commentaire sur les nouvelles ordonnances*. Ordonnance de 1731, art. XII, p. 59.

(3) Aur. des Pommiers. *Sur l'art. 224 de la coutume du Bourbonnais.*

donations faites au profit des tiers, comme conditions d'un contrat (1). Mais l'art. 1121 qui valide ces donations indirectes, dès l'instant que le donataire a manifesté l'intention d'en profiter, n'a jamais eu d'autre portée, que celle de régler une question de forme dans les donations ordinaires. Il déroge aux articles 931 et suivants ; et voilà tout. Transporté dans notre matière, il réglerait au contraire une question de capacité : c'est tout à fait inadmissible ! Aussi la jurisprudence n'a-t-elle pas hésité à fermer absolument la route à cette extension anormale de la capacité des donataires, et la doctrine est aujourd'hui unanime sur ce point. Mais quel sera alors le sort des biens qui devaient passer aux associés ? La rigueur des principes nous conduirait à les attribuer au donataire principal, en réputant non écrite, aux termes de l'art. 900, la clause d'association. Et ce serait en effet, croyons-nous, la solution à donner dans le cas où la clause d'association serait réellement une charge, une condition accessoire, n'altérant pas l'intégralité de la vocation du donataire. Mais ce n'est pas là le caractère qu'a généralement cette clause ; elle intervient le plus souvent au profit d'autres héritiers ab intestat du donateur, et alors elle constitue une seconde donation distincte, et non une condition, comme dit Rolland de Villargues dans son traité des *Substitutions* (2). Or cette seconde donation n'est pas valable, elle tombe ; mais sa nullité ne modifie pas la donation principale : le futur époux donataire ne recueille jamais que la part qui d'après l'intention du disposant devait lui revenir, si la

(1) Merlin, *Répert*, vº *Institution contractuelle*, § 5, nº 9.
(2) Rolland de Villargues, *Des Substitutions*, nº 183.

disposition avait été exécutée, telle qu'elle avait été faite.

C'est au moment de la donation qu'il faut se placer, pour examiner la capacité du donataire. Nous ne saurions nullement admettre, en effet, le système qui transporte aux donations de biens à venir la règle des testaments, exigeant la capacité du donataire, à la fois, au moment de la naissance du droit et au moment de son ouverture. Cette doctrine d'ailleurs a été condamnée, en quelque sorte législativement, par les principes développés dans la discussion de la loi du 31 mai 1854, qui abolit la mort civile. « Quant aux donations faites par contrat de mariage, disait le rapporteur, à celui qui aura été condamné depuis, elles seront exécutées, même les institutions contractuelles. » Et, plus loin, il ajoute : « Pour les donations de ce genre qu'on lui ferait depuis sa condamnation, leur nullité n'aurait rien de bien regrettable ; car si on doit encourager le mariage avant la condamnation, on peut hésiter à encourager le mariage postérieur (1). »

Si le condamné recueille une donation de biens à venir faite avant sa condamnation, c'est bien que la capacité n'était nécessaire qu'au moment de la donation. Depuis lors, le droit est acquis irrévocablement ; ce serait une confiscation de l'en dépouiller. Rien en cela que de conforme au système du code, qui a fait de la donation de biens à venir une donation entre-vifs spéciale. Il n'est nullement besoin d'observer, comme le font certains auteurs, que, si le condamné à une peine

---

(1) *Contra*, Colmet de Santerre, t. IV, n° 264 bis. I. Anouilh, *De l'Institution contractuelle dans l'ancien droit français et d'après le Code Napoléon* (*Rev. Hist.*, 1860, t. VI, p. 409).

afflictive perpétuelle profite de la donation de biens à
venir, c'est qu'il recueille un droit de succession et non
pas une donation. D'autant plus que la justesse de
cette observation est en soi fort contestable.

Il résulte des règles, qui régissent la donation de
biens à venir, que toute donation faite à d'autres qu'aux
époux dans leur contrat de mariage, ou à leur descendance est nulle et, croyons-nous, d'une nullité de
forme. Cette nullité ne sera couverte que par une
prescription trentenaire aux termes de l'art. 2262, et
les trente ans ne commencent à courir contre les héritiers du donateur que du jour du décès de celui-ci.
C'est, comme le font observer MM. Aubry et Rau, l'application de cette règle : « *Actioni non natæ non
præscribitur* » (1).

§ 4. — *Des biens que peut comprendre la donation de biens à venir.*

L'article 1082 du code civil permet au donateur
par contrat de mariage, de disposer au profit des futurs époux de tout ou partie des biens, qu'il laissera à
son décès. Ce texte comprend évidemment une donation universelle ou à titre universel : comprend-il
aussi une donation à titre particulier ? La question a
soulevé des controverses.

Dans l'ancien droit, l'institution contractuelle, même
confinée dans le contrat de mariage, était en réalité
la désignation d'un héritier. Comme on n'était pas
héritier à titre particulier, il s'ensuivait forcément que
l'institution contractuelle ne comprenait que des dispositions universelles, ou à titre universel. Lorsqu'on

(1) Aubry et Rau. t. VIII, p. 72, note 39.

voulait disposer d'un objet particulier, la donation à
cause de mort pouvait dans une certaine mesure remplacer l'institution contractuelle, sans produire cependant les mêmes résultats. On insérait la donation à
cause de mort dans le contrat de mariage, et l'Ordonnance de 1731 en fait une mention spéciale (art. 3
et 13). Les principes ne permettaient pas autre chose ;
à moins qu'on n'eût recours à une donation entre-
vifs, avec réserve d'usufruit : procédé qui gardait toujours son caractère spécial et ne revêtait pas, pour être
inséré dans le contrat de mariage, le caractère des donations de biens à venir.

Partant de ce principe, quelques auteurs ont voulu
restreindre les termes « tout ou partie des biens » de
l'article 1082, aux seules donations universelles ou à
titre universel. Quant aux donations de corps certains,
ou d'une somme déterminée à prendre dans la succession du donateur, ils ne veulent y voir qu'un legs
irrévocable, avec substitution directe au profit des enfants ou descendants du légataire, ou mieux une donation entre-vifs ordinaire, avec simple réserve d'usufruit (1). Mais c'est là une confusion inacceptable,
étant données les différences capitales qui existent entre
la donation de biens à venir et la donation entre-vifs
avec réserve d'usufruit. Quant à la première idée d'un
legs irrévocable, est-il admissible qu'un legs puisse
découler d'un contrat, qu'il soit irrévocable et qu'il
contienne une substitution directe ?

D'ailleurs ce système n'a plus de fondement. L'institution d'héritier en général n'a plus le caractère

_____

(1) Duranton, t. IX, n° 576. — Delvincourt, t. II. p. 421 à 422.

qu'elle avait autrefois. Toutes les dispositions testamentaires ont été conservées au même titre dans le code civil, sans distinction de formes. L'institution d'héritier n'a pas des effets différents du legs. Rien n'empêche dans le langage nouveau d'instituer un tiers héritier d'un objet particulier de la succession. Cette disposition n'aura ni plus ni moins d'effet que le legs de cet objet. D'autre part la donation à cause de mort suppléait dans l'ancien droit l'institution contractuelle, quant aux objets particuliers et aux sommes à prendre sur la succession. Les donations à cause de mort n'existent certainement plus : le législateur a maintenu la donation de biens à venir dans le contrat de mariage, il a bien entendu favoriser le mariage autant que l'ancienne législation : dès lors tout porte à croire qu'il a compris dans l'article 1082 toutes espèces de donations de biens à venir.

Quant à l'argument de texte qu'on nous oppose, il n'a aucune valeur. Les mots « tout ou partie » ne comprennent-ils donc que des donations universelles ou à titre universel? Le mot « partie », par opposition au mot « tout », ne veut-il donc dire qu'une part aliquote? Un cheval, une maison, ayant appartenu au de cujus, ne sont-ils pas des parties de la succession? C'est au moins le sens grammatical du mot partie. Quant au sens juridique, l'article 895 nous prouve qu'il n'est pas différent. « Le testament est l'acte par lequel le testateur dispose de tout ou partie de ses biens. » Et les articles 1002 et 1014 démontrent, d'une façon péremptoire, que les dispositions à titre particulier sont admises dans les testaments, de la même manière que les dispositions universelles ou à titre universel. Nous ne voulons pas donner aux termes de l'article 1082 un sens autre que celui qu'on leur reconnaît dans l'article 895, et avec lequel d'ailleurs on les retrouve dans les articles 1048 et 1049 du code civil et encore dans la loi du 17 mai 1826.

La jurisprudence n'a pas hésité à consacrer cette interprétation, et un arrêt de la Cour de cassation du 1er mars 1831 prononce la validité de la clause par laquelle « les père et mère du futur lui assurent et lui donnent dès à présent, en la meilleure forme que la donation puisse être, 150,000 francs à prendre dans leurs successions et avant tout partage (1). » Tout ce qu'on peut admettre, c'est que le droit à l'objet donné n'est pas aussi irrévocable que le droit à une part quelconque de la succession, puisque ce droit n'existera plus, si l'objet a été aliéné par le donateur autrement que par disposition à titre gratuit. Mais ceci n'est qu'une apparence, car s'il ne reste rien dans la succession du de cujus, le donataire universel ou à titre universel, qui était irrévocablement héritier, ne recueillera pas plus que le donataire à titre particulier.

Résumons-nous : tout le patrimoine du donateur, une part aliquote de ce patrimoine, ou un objet quelconque en faisant partie, aussi bien qu'une somme à prendre sur ce patrimoine, peuvent faire l'objet d'une donation de biens à venir. Cette donation peut comprendre à la fois les biens qu'a le donateur au moment de la libéralité, et ceux qu'il acquerra dans la suite, ou seulement les biens qu'il a au moment de la libéralité. Dans ce dernier cas la donation n'en sera pas

(1) Cass. 1er mars 1831 (Sirey, 1831. I. 234). Cass. 15 juillet 1835 (Dev. 1836. I. 153).

moins de biens à venir, puisque le droit du donataire
ne se réalisera qu'au moment du décès du donateur.

Il importe de ne pas confondre la donation de biens
à venir portant sur des quantités à prendre dans la
succession du donateur, avec la donation entre-vifs de
la même somme exigible seulement au décès du donateur. Dans ce dernier cas le droit du donataire est
actuel, irrévocable d'une façon absolue, transmissible
à tous ses héritiers sans distinction. Il pourrait même,
croyons-nous, devenir immédiatement exigible, si le
donateur était déchu du bénéfice du terme, soit qu'il
tombât en faillite, soit qu'il diminuât les sûretés qu'il
avait données par le contrat à son créancier (art. 1188
C.C.). Le droit du donataire devient une dette de la
succession, qui sera payée au rang des dettes et qui
pourra être garantie par une hypothèque conventionnelle. Rien de tout cela n'existe au contraire pour une
simple donation de biens à venir, qui ne sera payée
qu'après toutes les dettes de la succession. A moins
toutefois que celles-ci ne soient le résultat de dispositions à titre gratuit, auquel cas elles seraient nulles
à l'égard de la première donation.

La diversité des principes qui régissent les donations
de biens à venir et les donations à terme, exigibles au
décès du donateur, peut donner lieu à une hypothèse
très-singulière. Supposons une donation de biens à
venir, consistant en une somme d'argent : plus tard
intervient une donation entre-vifs à terme de la même
somme, exigible au décès du donateur, laquelle donation
est garantie par une hypothèque : enfin une dette de la
même somme grève aussi la succession. Le donataire
de biens à venir primera le donataire postérieur, mais il

devra subir le paiement de la dette. Au contraire dans le concours du donataire postérieur, garanti par une hypothèque et du créancier, c'est le donataire qui l'emportera. Comment régler le concours? Le champ est ouvert à la discussion : et quant à nous, nous préférons nous en rapporter à la sagesse des tribunaux, qui auront à décider d'après les circonstances.

Dans les donations de biens à venir, comme dans les simples donations entre-vifs, le donateur ne pourra pas disposer de ses biens, au delà des limites fixées par les articles 913 et 915 du code civil.

Nous trouvons encore là une différence entre la donation de biens à venir faite par un tiers de l'article 1082, et celle faite par un des futurs époux à l'autre, de l'article 1093, la quotité disponible entre époux n'étant pas celle du droit commun. Elle est réglée par l'article 1094 lorsque le futur époux donateur n'a pas d'enfants, issus d'un précédent mariage, et par l'article 1099, lorsqu'ayant des enfants d'un premier lit, le veuf ou la veuve, qui se remarie, fait une donation à sa future épouse ou à son futur époux.

Les donations de biens à venir excédant la quotité disponible, seront réduites d'après la règle de l'article 923 comme des donations entre-vifs, en commençant par la plus récente, et après avoir opéré la réduction sur toutes les dispositions testamentaires. C'est qu'en effet le droit du donataire existe au jour de la donation, bien qu'il ne s'ouvre qu'au décès du donateur, et ce serait méconnaître absolument ce caractère essentiel, que d'appliquer à la donation de biens à venir les règles de réduction des legs.

§ 5. — *De la promesse d'égalité.*

Nous ne pouvons pas terminer le chapitre concernant les conditions d'existence et de validité de la donation de biens à venir, sans consacrer quelques explications à une forme toute spéciale que peut revêtir cette donation, lorsqu'elle intervient au profit d'un des héritiers du donateur, forme très usitée dans la pratique et qu'on appelle « promesse d'égalité ».

Cette promesse d'égalité existait déjà dans l'ancien droit, dans les pays où régnaient les coutumes de préciput, comme correctif à ces coutumes. « C'est une espèce d'institution contractuelle, dit Boucheul (1), que la déclaration dans les contrats de mariage, que les enfants succéderont également, et de ne pouvoir avantager ses héritiers, les uns au préjudice des autres. » Cette promesse d'égalité avait une origine très différente de l'institution contractuelle ; mais usitée dans les contrats de mariage à côté de celle-ci, elle se confondit avec elle si bien, qu'elle fut soumise aux mêmes règles et aux mêmes conditions. Comme l'institution contractuelle, elle fut strictement renfermée dans le pacte nuptial, et ne put se produire qu'au profit des seuls futurs époux.

Remarquons d'ailleurs que cette forme de disposition est plus satisfaisante et plus rationnelle, qu'une disposition fixe du tiers ou du quart des biens du donateur. Elle suivra les fluctuations, que les naissances ou les décès des héritiers du donateur pourront

---

(1) *Conventions de succéder*, ch. v, n° 1.

amener dans la succession de celui-ci, s'adaptant mieux ainsi au vœu présumé des parties.

Cette différence peut devenir considérable dans les résultats. Un exemple la rend frappante : c'est un arrêt de 1756, rapporté par M. Bonnet (1). Cet arrêt adjugea la moitié d'une succession à un descendant, qui avait été institué par contrat de mariage, pour partager la succession du disposant, par égales portions avec quatre autres héritiers. Trois de ces héritiers étaient morts : le contrat de mariage obligeait à attribuer aux deux survivants, chacun la moitié de la succession, nonobstant la volonté de l'instituant, qui, après la mort de ses trois enfants, avait disposé des quatre cinquièmes de son patrimoine au profit du quatrième. Une institution contractuelle du cinquième de ses biens, au profit du premier enfant, l'aurait réduit à cette seule part, en supposant le même concours de circonstances.

L'effet principal et indiscutable de la promesse d'égalité est d'empêcher le donateur de laisser à celui de ses descendants, au profit duquel elle intervient, une part dans sa succession inférieure à celle de ses autres enfants, sans distinction d'ailleurs du disponible et de la réserve. Cette disposition n'empêcherait pas, au contraire, le donateur de rompre l'égalité entre ses héritiers, en disposant de son disponible, précisément au profit de celui en faveur duquel est intervenue la promesse d'égalité. Observons encore avec M. Demolombe (2), que le promettant pourrait disposer par préciput au profit de l'un de ses autres

(1) *Dispositions par contrat de mariage*, n° 273, note **3**.
(2) *Cours du code Napoléon*. T. VI, p. 338.

enfants, de tout ce qui excède la part de l'institué dans la quotité disponible (1).

Voilà des points certains ; il en est un autre beaucoup plus discuté : à savoir si la promesse d'égalité empêcherait le disposant de gratifier du disponible de sa fortune non pas un de ses descendants, mais un étranger. On a soutenu l'affirmative, en donnant à la promesse d'égalité toute la vertu d'une donation de biens à venir, assurant au donataire sa part héréditaire, non seulement contre ses héritiers, mais encore *erga omnes*, de telle sorte que cette part lui soit irrévocablement acquise, sous les seules restrictions de l'article 1083 (2). Mais n'est-ce pas fausser le sens de la clause que de lui donner cet effet si considérable? La promesse d'égalité n'avait pas ce caractère dans l'ancien droit. « C'est une précaution, voit-on dans un arrêt de 1625, qui laisse aux père et mère la liberté entière d'user de leurs biens pourvu qu'ils n'en donnent pas plus à l'un qu'à l'autre (3). » C'est en effet le sens qui à première vue résulte de cette clause : garantir à chacun des enfants des portions égales dans la fortune du disposant et rien au-delà. L'égalité éveille l'idée de partage, et le partage ne se conçoit pas vis-à-vis des étrangers (4).

Cette solution d'ailleurs se justifie aussi bien dans la pratique que dans la théorie, si l'on se représente dans quelles circonstances intervient généralement la

(1) Aubry et Rau, t. VIII, p. 90.

(2) Limoges, 29 février 1832 (Dalloz, 32. II, p. 134). Paris, 26 janvier 1833 (Dalloz, 33. II, p. 197).

(3) Championnière et Rigaud, *Droits d'enregistrement*, t. IV, n° 2951.

(4) Cass. 15 décembre 1818 (Sirey, 19. I, p. 119). — Demolombe, t. VI, p. 341. — Aubry et Rau, t. VIII, p. 90.

promesse d'égalité. C'est presque toujours pour garantir que les ascendants de l'un ou de l'autre des
futurs époux ne se laisseront pas aller à favoriser un
de leurs fils, l'aîné par exemple, aux dépens de celui
qui se marie, et dont on règle le contrat de mariage.
L'idée de libéralités possibles aux étrangers n'intervient nullement dans une pareille convention.

En cette matière la volonté des parties est la règle
absolue de l'interprétation : concluons donc que la
promesse d'égalité diffère, à cet égard, de la donation
de biens à venir des articles 1082 et 1083 du code
civil, et qu'elle laisse entier le droit de disposer de la
quotité disponible de son patrimoine au profit des
étrangers, chez celui qui l'a souscrite. On observe, il
est vrai, que, réduite à ces proportions, la promesse
d'égalité ne procurera aucun avantage effectif au donataire, si le donateur a disposé de toute sa quotité disponible au profit d'un étranger, puisqu'il est réduit à sa
réserve, que dans aucun cas le donateur ne pouvait
lui enlever. Nous n'en disconvenons pas : nous répon-
dons seulement que la promesse d'égalité a eu tout
l'effet qu'en attendaient les parties : les héritiers ont
été traités également : la portion disponible n'a été
attribuée à aucun d'entre eux, au préjudice des autres :
la promesse d'égalité ne comportait rien de plus.

On peut d'ailleurs joindre à la promesse d'égalité telle
clause qu'il conviendra aux parties : c'est un corollaire
du principe qu'il n'y a pas de formule stricte en notre
matière, pour envelopper la volonté des parties (1).

On distinguait dans l'ancien droit de la simple pro-

(1) Laurent. *Principes de droit civil*, t. XV, n° 249.

messe d'égalité ce qu'on appelait la promesse d'également : clause, par laquelle on s'engageait à ne pas
avantager les autres enfants, au préjudice de celui
qu'on mariait, avec déclaration qu'en cas d'infraction,
il était fait dès à présent pareil et semblable avantage
audit futur époux. Sans discuter les différents opinions qui s'étaient produites, dans l'ancien droit, sur
l'interprétation de cette clause, disons tout de suite
qu'elle comporte une donation entre-vifs conditionnelle. Si la condition se réalise, c'est-à-dire s'il est fait
une donation à l'un des descendants en violation de la
clause d'égalité, l'institué par promesse d'également
aura une action personnelle, qui peut même être hypothécaire, s'il a eu le soin de la faire garantir par hypothèque, pour réclamer une libéralité équivalente. Dans
le cas où il n'userait pas de son action, où il attendrait
l'ouverture de la succession pour solliciter le paiement
de sa donation, l'interprétation des règles du rapport,
tracées dans l'article 856, s'oppose à ce qu'il exige,
outre l'équivalent de la donation faite à l'autre descendant, les fruits et intérêts qu'a pu produire cet
équivalent, depuis le jour de la donation. On suppose
que s'il avait eu ces fruits, il les aurait consommés,
aussi bien que le donateur (1).

Toutefois il est un cas où on devra tenir compte à
l'héritier, auquel a été faite une promesse d'également,
même des fruits et revenus, qui ont été donnés à
un autre héritier : c'est lorsqu'en plus de la constitution dotale, le père de famille a promis par exemple à
celui de ses fils qu'il marie, de le loger et de le nourrir

(1) Bonnet, *Dispositions par contrat de mariage*, t. I, nᵒˢ 277 et
suivants.

avec sa famille pendant un certain nombre d'années. C'est du moins ce qui avait été jugé par un arrêt du parlement de Bordeaux du 17 mai 1666, et nous ne voyons pas à y contredire. Dans cette hypothèse en effet les jouissances accordées ont eu aux yeux du donateur nature de capital, faisant au donataire, comme disent nos vieux auteurs, « un sort principal ».

CHAPITRE IV

DES EFFETS DE LA DONATION DE BIENS A VENIR

§ 1. — *Des effets à l'égard du donateur.*

La donation de biens à venir, faite par contrat de mariage, sera irrévocable, nous dit l'article 1083 du code civil : et en effet l'on ne concevrait pas qu'il pût en être autrement. Elle fait partie intégrante du contrat de mariage, ce traité des familles, comme l'appellent nos commentateurs, à la stabilité duquel tant d'intérêts et des plus respectables sont liés. D'ailleurs si la donation de biens à venir ne revêtait pas ce caractère, elle serait, il faut en convenir, un bien faible encouragement au mariage, puisque rien ne serait moins assuré que les ressources qu'elle fait espérer aux futurs époux.

Toutefois cette irrévocabilité ne peut être que restreinte, en raison même de la nature de l'institution. Nous avons vu qu'à l'origine, la donation de biens à venir, ou plus justement l'institution contractuelle était

la désignation d'un héritier faite par contrat, plus
tard uniquement par le contrat de mariage (1). C'est
avec ce caractère qu'elle a passé dans le code civil, et
le droit des donateurs de biens à venir n'est pas très
différent de celui des héritiers réservataires. Ce que le
donateur a donné, c'est sa succession, c'est-à-dire ce
qui restera après lui, ses dettes déduites : rien ne l'empêche donc d'exercer librement le droit de propriété
qu'il a conservé. « Reconnaissance générale de principal héritier, dit Loysel, n'empêche pas qu'on ne puisse
s'aider de son bien (2). » C'est le même principe
qu'expose l'article 1083, en nous disant que « la donation sera irrévocable, seulement en ce sens que le
donateur ne pourra plus disposer à titre gratuit ».

Et encore une donation modique n'est-elle pas
considérée comme portant atteinte à l'irrévocabilité de
la donation. C'est la seconde exception au principe
d'irrévocabilité.

Revenons à la première : le projet de la commission
portait : « Le donateur conserve jusqu'à sa mort la liberté entière de vendre et d'hypothéquer (3). » Ces mots
ont été retranchés, par le motif qu'ils n'ajoutaient
rien à la première partie de l'article 1083. Ceci nous
donne la mesure de la généralité des termes de cet
article. Le donateur conserve le droit de disposer des
biens donnés de la façon la plus large, pourvu que ce
soit à titre onéreux : il pourra vendre et échanger ses
fonds, les grever d'hypothèques ou de servitudes et

(1) Anouilh, *De l'Institution contractuelle dans l'ancien droit fran-*
çais, et d'après le code Napoléon (*Rev. hist.*, t. VI, 1860, p. 307).
(2) *Institutes coutumières*, liv. II, t. IV, Des Testaments, 10.
(3) Fenet, t. II, p. 298.

même les aliéner avec réserve d'usufruit ou à charge
de rente viagère. Seulement, comme cette dernière
aliénation ne laisse dans la succession du donateur
aucune valeur représentative du fonds qu'il a aliéné,
le donataire serait peut-être plus facilement admis à
prouver que l'aliénation n'a pas été faite de bonne
foi, et qu'elle n'a été qu'un moyen indirect de porter
atteinte à la donation de biens à venir. Et dans ce cas,
comme la condition essentielle de la validité de ces
donations est la bonne foi, l'annulation devrait être
prononcée (1).

On peut se demander s'il faut étendre à notre matière la présomption de l'article 918, et dire, en combi-
nant cet article avec le principe de l'irrévocabilité de
la donation de biens à venir, que toute aliénation à
fonds perdu, faite à l'un des successibles, est nulle de
droit? Nous ne saurions l'admettre : la présomption
légale, comme dit l'article 1350, est attachée par une
loi spéciale à certains actes et à certains faits : on ne
saurait l'étendre par analogie à d'autres actes et à
d'autres faits. Il existe, il est vrai, de nombreux rapports
entre les droits du donataire de biens à venir et ceux
de l'héritier à réserve, mais les situations restent bien
distinctes, et le donataire de biens à venir aura toujours
à prouver la fraude qu'il allègue (2). Disons seulement
que le caractère même de l'acte et la qualité des
parties pourront être pour lui des arguments, servant
à prouver la fraude.

La restriction portée à la règle d'irrévocabilité de
la donation de biens à venir, a-t-on dit, n'est pas obli-

(1) Cass. 31 juillet 1867 (Dev. 1868, I, p. 32).
(2) Aubry et Rau, t. VIII, p. 75, note 52.

gatoire : le donateur peut renoncer au bénéfice qu'elle
lui procure, non pas dans un acte postérieur au contrat de mariage, ce qui constituerait une modification
du contrat tombant sous la prohibition générale de
l'article 1395, mais bien dans le contrat de mariage
même, par lequel il constitue la donation de biens à
venir. Seulement, en s'interdisant d'aliéner même à
titre onéreux, le donateur change sa donation de biens
à venir en une donation de biens présents avec réserve
d'usufruit. Mais qui l'en empêcherait? Il pouvait faire
une donation de biens présents avec dessaisissement
immédiat de ses biens. Qui peut le plus, peut le moins.
Remarquons toutefois que la clause dont nous parlons
ne transforme la donation de biens à venir en donation
de biens présents avec réserve d'usufruit, qu'à l'égard
des biens déjà acquis par le donateur au moment du contrat de mariage. En ce qui concerne ceux qu'il acquerra
plus tard, ils restent soumis au régime de la donation
de biens à venir, sauf que la nue-propriété en appartient au donataire, dès le jour où ils sont acquis au
donateur. Nous ne saurions, quant à nous, pousser
jusque-là la liberté des parties (1). La donation de
biens à venir est une disposition exceptionnelle,
admise par la loi dans des conditions déterminées,
dont la principale est de faire dépendre le sort de la
donation de l'intelligence et des chances du disposant.
Pour parer à l'inconvénient de cette situation, il y a
un moyen, c'est la donation cumulative de biens présents et à venir, mais il n'y en a pas d'autre. Si on
n'y recourt pas, on n'a pas le droit de dénaturer la

(1) Riom, 4 déc. 1810 (Sirey, 13, II, p. 348).

donation de biens à venir, par des clauses qui la transforment complètement et créent une nouvelle exception, que la loi n'a pas sanctionnée. Une preuve certaine, en faveur de notre opinion, résulte des travaux
préparatoires du code. Le projet primitif de rédaction
portait : « Le donateur conserve jusqu'à sa mort la
liberté entière de vendre et d'hypothéquer, à moins
qu'il ne se la soit formellement interdite en tout ou en
partie (1). » La première partie de la phrase a été
retranchée, comme faisant double emploi avec les
termes plus généraux du commencement de l'article. Quant à la seconde, elle n'a pu être retranchée,
que pour enlever au donateur la faculté qu'elle lui
laissait.

Nous avons vu que l'article 1083 permettait encore
au donateur de disposer à titre gratuit, pourvu que
ce fût pour sommes modiques. La règle d'apprécia-
tion a la même base qu'autrefois : les libéralités sont
permises, à condition qu'elles ne portent pas atteinte
à ce droit du donataire considéré comme héritier.

Du reste la cause de la donation n'a pas été prise
en considération, et les termes généraux qu'emploie
le législateur : « à titre de récompense ou autrement »
tranchent la discussion qui s'était élevée autrefois
entre les jurisconsultes, les uns n'admettant que les
libéralités faites pour cause pie ou rémunératoire (2),
les autres ne permettant pas de rechercher la cause
du don (3).

Dans l'ancien droit, la disposition à titre universel

(1) Fenet, t. II, p. 298.
(2) G. Coquille, *Quest.* 173.
(3) Lebrun, *Des successions*, liv. III, ch. ii, n° 18.

n'était pas admise comme restriction à l'irrévocabilité de la donation de biens à venir : on la considé-
rait comme contraire à cette règle, que l'instituant
s'étant une fois désigné contractuellement un héritier,
ne pouvait pas s'en désigner un autre (1). Toutefois
la coutume du Bourbonnais (art. 220), poussant dans
ses dernières conséquences l'assimilation de l'héritier
institué et de l'héritier du sang, admettait la disposition
à titre universel de la part de l'instituant, pourvu que
l'institution n'excédât pas le quart des biens de celui-ci.
On pouvait en effet, au préjudice des héritiers du sang,
disposer par testament du quart de ses biens. Mais
alors la discussion s'élevait entre les jurisconsultes sur
un autre point : cette libéralité à titre universel pour-
rait-elle être faite par donation et par testament ou
seulement par testament (2)? Nous suivrons aujour-
d'hui l'opinion généralement adoptée dans l'ancien
droit, d'autant qu'à la raison première et fondamentale, c'est-à-dire qu'on ne peut pas donner un cohé-
ritier à celui qu'on a d'abord institué seul héritier, s'en
ajoute une autre, c'est que le disposant, qui fait une
donation sous forme de quote, au préjudice de la donation de biens à venir, ne sait pas bien ce qu'il donne,
puisque l'émolument ne sera fixé qu'à l'ouverture du
droit du donataire : dès lors il ne peut pas savoir si
sa donation reste dans la proportion de sommes modiques, autorisée par l'article 1083 (3) (4).

(1) Laurière, *Inst. et subst. contract.* ch., vii, n° 59, Merlin, — *Répertoire*, v. *Inst. contract.*, § 8.

(2) Auroux des Pommiers, *sur l'art.* 220, *Cout. du Bourbonnais.*

(3) Cass., 23 février 1818 (Sirey, 18, 1, 200).

(4) Colmet de Santerre, t. IV, n° 256.

Ce sera d'ailleurs aux tribunaux à apprécier si la donation est excessive. Le code n'a pas reproduit la règle des anciennes coutumes, qui n'admettait pas que l'ensemble de ces dispositions gratuites pût excéder le quart des biens de l'instituant, et les laissait au contraire toutes subsister, lorsqu'elles n'atteignaient pas ce quart. Il valait mieux en effet laisser plus de latitude aux tribunaux, pour lesquels les circonstances de la donation, les causes qui lui ont donné lieu et la fortune du donateur seront autant d'éléments de décision. Un grand principe domine la matière, la bonne foi : la bonne foi n'existe plus dans les donations postérieures à la donation de biens à venir, lorsqu'elles manifestent, de la part du donateur, l'intention de porter atteinte à la donation des biens à venir.

La faculté de disposer à titre gratuit, malgré la donation de biens à venir précédemment faite, est évidemment beaucoup plus étendue, si au lieu d'être d'une universalité comme c'est l'ordinaire, cette institution ou mieux cette donation de biens à venir ne porte que sur des objets particuliers. Ce n'est plus alors la disposition pour sommes modiques qui est autorisée, c'est la libre disposition de tout ce qui n'est pas compris dans la donation, qui a été conservée par le donateur.

En dehors de la restriction apportée par l'article 1083 à l'irrévocabilité de la donation de biens à venir, le donateur a pu augmenter la faculté de disposer à titre gratuit que lui assure la loi, en se réservant spécialement, dans la donation elle-même, la faculté de disposer de tels ou tels biens compris dans la libéralité. Le seul point à examiner sera alors de voir s'il a excédé ou non la réserve qu'il avait faite. Si cette

réserve est excédée, les tribunaux auront encore à
apprécier si les libéralités ne peuvent pas être main-
tenues à titre de sommes modiques, comme il est dit
à l'article 1083.

Si, tout en se fixant une réserve, le donateur n'en a
pas profité et n'a pas disposé au profit d'un tiers,
nous déciderons, avec l'article 1086, que le donataire
bénéficiera des objets compris dans la réserve, comme
des autres compris dans la donation (1).

La réserve faite par le donateur de la faculté de
disposer à titre gratuit, au profit d'une personne déterminée, entraîne-t-elle la faculté de disposer de la
même somme ou de la même quantité, au profit d'une
autre? La question peut être examinée à un double
point de vue : ou bien la désignation de la personne
au profit de laquelle on pouvait disposer de la réserve,
est une limitation à cette réserve, et dès lors la donation faite à un autre qu'à l'individu désigné, devrait
être annulée, si elle n'était pas protégée par la règle de
l'article 1083 ; ou bien cette désignation de personne
est une simple énonciation de motif, qui ne saurait entraver le donateur dans la libre disposition de la chose
réservée (2). Nous préférons, pour nous, chercher en
pareil cas dans les termes de la donation de biens à.
venir et les circonstances où s'est produite la réserve
le motif de décider. Il est en effet des cas où la désignation d'une personne peut être une simple énonciation, et d'autres où elle est une limite la réserve faite
par le donateur.

(1) Aubry et Rau, t. VIII, p. 75, note 50.
(2) Bordeaux, 19 juillet 1872. Dalloz. *Répert.*, vº *Dispositions entre-
vifs*, 711.

La stipulation d'une réserve dans la donation de biens à venir, suivie de la disposition à titre gratuit de cette réserve, et plus tard de la disposition à titre onéreux du reste des biens compris dans la donation de biens à venir, peut réduire à zéro le bénéfice du donataire. Mais il n'y a rien là que de conforme au jeu normal des institutions : on ne saurait en effet annuler ni les unes ni les autres des dispositions faites par le donateur. Les dispositions à titre gratuit sont valables à raison de la convention : les dispositions à titre onéreux le sont en vertu de la loi elle-même. Ce qui est arrivé, pouvait être prévu au moment où la donation a été faite : le donataire ne peut rien réclamer.

Le donateur, qui peut étendre la faculté que lui laisse la loi de disposer de quelques-uns de ses biens à titre gratuit, ne saurait renoncer à cette faculté, telle qu'elle lui est garantie par l'article 2083. C'est en effet une disposition protectrice de la loi, en même temps qu'une interprétation de la volonté présumée des parties, que la règle de l'article 1083. Il ne faut pas que le donateur se trouve lié, de manière à ne pouvoir pas même faire de ces dispositions légères, qui sont, on peut le dire, des nécessités de l'existence : qui lui assurent le dévouement et la bienveillance de ceux qui, vivant avec lui ou en même temps que lui, sont en situation de lui venir en aide et de lui rendre la vie plus douce ou plus facile.

En dehors d'une réserve expresse, ou des termes de l'article 1083, toute disposition à titre gratuit reste, comme nous l'avons vu, interdite au donateur (1).

_____

(1) Demolombe, t. VI, p. 352.

Ces dispositions ne sauraient être validées par ce fait qu'elles se seraient frauduleusement produites sous le couvert d'un acte à titre onéreux. L'interposition de personnes peut encore être un moyen de frustrer le donataire, lorsque la donation de biens à venir n'est qu'une promesse d'égalité : aussi cette interposition, une fois prouvée, ferait-elle tomber toutes les libéralités qui se seraient produites par son moyen. Mais il ne saurait être question ici des présomptions légales des articles 911 et 1100, qui ne peuvent, pas plus que celle de l'article 918, se transporter dans une matière autre que celle pour laquelle le code les a établies.

La renonciation au bénéfice d'une prescription consommée est considérée comme une libéralité, et lorsqu'elle émane d'un donateur de biens à venir, on peut se demander si elle ne tombe pas sous la prohibition de l'article 1083? Sur ce point spécial de la prescription, en effet, les mœurs ne sont pas absolument d'accord avec la loi. En ce qui concerne notamment la prescription libératoire, il répugne à la délicatesse et à la stricte honnêteté, de profiter de la négligence de son créancier, pour se dispenser de faire face à un engagement. Aussi admet-on généralement qu'un paiement fait malgré une prescription consommée, ne saurait être critiqué par le donataire . « Le donateur en promettant ses biens n'a pas entendu étouffer chez lui la voix de l'honneur. Sa générosité envers son donataire n'est pas inconciliable avec sa bonne foi envers ses créanciers (1). »

(1) Troplong, *Prescription*, t. 1, n° 105.

La théorie des obligations naturelles confirme encore ce point de vue : l'obligation naturelle survit en effet à l'obligation civile éteinte par la prescription. C'est donc bien un paiement réel, acte à titre onéreux que fait le donateur, et non pas une donation (1).

Nous admettrions plus difficilement que le donataire ne pût pas critiquer une renonciation au bénéfice d'une prescription acquisitive. La situation est toute différente, et il est bien des cas où une pareille renonciation constitue manifestement une libéralité : ce serait d'ailleurs aux tribunaux à apprécier le caractère de cette renonciation.

La validité des libéralités faites au préjudice de la donation de biens à venir ne peut jamais être mise en question, qu'au moment de l'ouverture du droit du donataire. Jusqu'à ce moment, en effet, le droit de celui-ci est soumis à la condition de sa propre survie au donateur. Si cette condition venait à défaillir, si le donataire prédécédait sans postérité, la donation, même la plus manifestement incompatible avec les articles 1082 et 1083, serait considérée comme absolument valable dès le jour où elle a eu lieu. C'est une conséquence de l'effet rétroactif de l'accomplissement des conditions (art. 1179 C. C.). La caducité de la donation de biens à venir validera par la force des choses, les dispositions dont sa seule existence entraînait la nullité.

La caducité de la donation se produira encore si le mariage ne s'ensuit pas, nous dit l'article 1088. Dans certaines coutumes cette règle qui nous semble

_____

(1) Cass. Req. rej. 26 mars 1845. (Sir., 47, I, p. 120).

aujourd'hui d'évidence n'était pas admise. On était parti de ce point de vue, que les père et mère étant grevés de l'obligation naturelle de procurer un établissement à leurs enfants, ce qui était peut-être une trace de l'obligation de doter du droit romain, la donation de biens à venir n'était que l'acquittement de cette obligation. Elle subsistait bien que le mariage en vue duquel elle était intervenue n'eut pas lieu. Elle pouvait ainsi profiter à l'accomplissement d'un autre mariage, n'ayant pas la même approbation de la part du donateur (1). La règle de l'article 1088 est plus sage, et logiquement elle est une application de la théorie des obligations sous condition suspensive. Le donateur n'a fait sa disposition qu'à la condition de voir le mariage s'ensuivre.

La caducité de la donation se produirait encore, et les biens qui y sont compris seraient restés libres entre les mains du donateur, si le mariage qui est intervenu était nul (2). On peut dire que le mariage nul est comme n'existant pas. Toutefois, il faut tenir compte des principes appliqués par la loi aux mariages putatifs ; les effets civils du mariage se produisent en faveur de l'époux de bonne foi et des enfants issus du mariage (art. 201 et 202 C. C.). Si la donation de biens à venir a été faite à l'époux de bonne foi, elle lui profitera à lui et aux enfants issus du mariage : si elle a été faite à l'époux de mauvaise foi, elle ne produira ses effets favorables qu'au profit de l'époux de bonne

---

(1) Furgole, *Donations*, t. II, *quest.* XXIII. « Si la donation faite en faveur du mariage est bonne quoique le mariage n'ait pas été accompli. »

(2) Bonnet. *Dispositions par contrat de mariage*, t. II, n° 662.

foi et des enfants. Autrement dit, dans cette seconde hypothèse, s'il y avait des clauses qui dussent profiter à l'autre époux, elles auraient tout leur effet : encore, si l'époux donataire est mort avant le donateur, mais laissant une postérité, le droit de ses enfants reste entier et s'ouvrira au décès du donateur. La caducité n'aura lieu que si le donataire vit encore au moment de l'ouverture de droit. Dans ce cas, en effet, les enfants ne peuvent pas venir au bénéfice de la donation, car ils n'ont de droit qu'au défaut de leur père ou mère donataire. La faveur de la loi pour le mariage putatif consiste seulement à ne pas priver les enfants, issus d'un tel mariage, des avantages qu'ils auraient eus s'il eut été valable, mais elle ne saurait en créer de spéciaux ; c'est ce qui aurait lieu, si on leur faisait recueillir directement la donation, au décès du donateur, l'époux de mauvaise foi étant encore vivant. Supposons-le en effet de bonne foi et recueillant la donation : il aurait pu la dissiper pendant sa vie ou tout au moins la laisser à d'autres héritiers qu'aux enfants issus du mariage putatif, soit à des enfants issus d'un autre mariage, soit à des héritiers testamentaires dans la limite de la quotité disponible.

Lorsque la donation de biens à venir devient caduque, la femme du donataire n'a aucun droit à exercer sur les biens qui la composaient, à raison de sa dot ou des conventions matrimoniales. Il n'y a pas lieu d'appliquer ici la disposition exceptionnelle de l'article 952, relative à la stipulation du droit de retour. Dans la matière qui nous occupe, si la donation est caduque, le donateur a conservé ses droits les plus complets et les plus étendus sur les objets de la donation.

Il est encore un cas où le droit du donateur sur les objets donnés par donation de biens à venir échappe aux restrictions de l'article 1083, c'est lorsque la donation est révoquée par la survenance d'un enfant au donataire, qui n'en avait pas au jour du contrat de mariage. Il en est de même de la révocation pour cause d'inexécution des charges (1). Remarquons toutefois que la révocation pour survenance d'enfant n'aurait pas lieu, si la donation émanait d'un des futurs époux (art. 960 C. C).

Quant à la troisième cause de révocation des donations, l'ingratitude, elle ne s'applique pas en général aux donations faites en faveur du mariage (art. 959 C. C.), et il ne saurait en être question lorsque la donation de biens à venir émane d'un tiers. Si la donation de biens à venir émanait d'un des futurs époux, il faudrait au contraire, croyons-nous, admettre la révocation avec tous ses effets. Car c'est un point communément admis que la donation entre futurs époux, n'intervenant pas au profit des enfants à naître du mariage, qui n'ont pas en général d'intérêt à la recueillir plutôt dans la succession du donateur, que dans celle du donataire, échappe à la règle de l'article 959 (2).

En résumé, l'effet de la donation de biens à venir à l'égard du donateur, est de le dépouiller de son droit de disposer, dans les limites tracées par l'article 1083. Cette atteinte portée à l'intégrité de son droit de propriété disparaîtra rétroactivement, par la caducité ou la révocation de la donation de biens à venir. Tels sont les principes qui paraissent résulter des textes.

(1) Aubry et Rau, l. VIII, p. 88.
(2) Cass. 17 février 1873 (Sirey, 73, I, p. 52).

§ 2. — *Des effets à l'égard du donataire.*

Dans la donation de biens à venir « il faut distinguer le titre et l'émolument. Le titre est irrévocable : quant à l'émolument il ne pourra être véritablement connu qu'au décès (1). » Il faut en effet distinguer deux périodes, quand on considère les effets de la donation de biens à venir à l'égard du donataire : la première s'écoule entre l'instant de la donation et celui de l'ouverture du droit du donataire : la seconde commence au décès du donateur. Du jour du contrat, le donataire a son titre : mais il n'en aura l'émolument qu'au décès du donateur.

Jusque-là en effet son droit a beaucoup d'analogies avec celui des héritiers réservataires ; remarquons toutefois qu'il résulte pour lui d'un contrat, tandis que le droit des réservataires ne découle que de la loi et peut par conséquent s'évanouir par un changement de législation. Mais pas plus que l'héritier réservataire, le donataire ne peut hypothéquer les biens compris dans la donation, ni en disposer d'une façon quelconque. Ces biens restent libres, entre les mains du donateur, de toutes charges créées par le donataire.

Allons plus loin, le donateur ne pourrait pas valider ces aliénations ou charges créées par le donataire, en y donnant son consentement. De telles aliénations et de telles hypothèques sont nulles *ab initio*, il ne dépend en aucune façon du donateur de les valider,

(1) *Rapport de Jaubert au tribunat*, 9 floréal an XII (Locré, T. XI, p. 484).

car elles tombent évidemment sous la prohibition de l'article 1130 du code civil (1).

Le donataire, pas plus que ses créanciers, ne peut prendre aucune mesure conservatoire contre les actes du donateur. A ce point de vue sa situation est absolument la même que celle d'un habile à succéder, qui ne peut prendre aucune mesure pour garantir la réalisation de ses espérances à un jour donné (2).

On pourrait cependant admettre à son profit, dans les cas extrêmes, le même remède à l'insanité du donateur qu'il est permis aux héritiers de faire appliquer, c'est-à-dire l'interdiction (3).

Le droit du donataire jusqu'au décès du donateur étant un composé de droits éventuels à une succession future, ne peut en aucune façon être cédé ou vendu. Bien plus, le donataire ne peut pas même y renoncer au profit du disposant ou au profit d'un tiers, alors même que cette renonciation interviendrait dans le contrat de mariage de ce tiers. Il ne saurait pas davantage y renoncer, au profit des héritiers *ab intestat* du disposant. Ces différentes stipulations tombent en effet sous le coup de l'article 791, qui prohibe toute renonciation à la succession d'un homme vivant et toute aliénation des droits éventuels, qu'on peut avoir à sa succession (4).

Il est vrai que l'article 791 est placé au titre des

(1) Bonnet, *Dispositions par contrat de mariage*, t. II, nᵒˢ 449 et suivants.

(2) Cass. 21 mai 1867 (Dev. 1868, I, p. 452).

(3) *Contrà*, Cass. 12 nov. 1872 (Dev. 1873, I, p. 57).

(4) Cass., 11 janvier 1853. (Dev. 1853, I, p. 65). Agen, 17 décembre 1856 (Dev. 1857, II, p. 1).

successions *ab intestat*, et on a essayé d'en conclure qu'il ne réglait pas la matière des donations de biens à venir. Mais comment soutenir une pareille thèse, en présence des termes formels de l'article 1085? «En cas d'acceptation, le donataire ne pourra réclamer que les biens existants au jour du décès et il sera soumis au paiement de toutes les dettes et charges de la succession. » Le mot succession n'a pas deux sens, l'un à l'article 791 et l'autre à l'article 1085 : disons au contraire, qu'il doit être pris à l'article 791 dans son acception la plus large, et qu'il comprend certainement les donations de biens à venir. Les mêmes motifs de prohiber les pactes anticipés se présentent en effet avec la même force. Tout ici est également incertain : on ignore l'époque du décès du donateur : le chiffre du patrimoine à venir est inconnu : si la donation porte sur un objet particulier, on ne saura pas quelle valeur aura l'objet au moment du décès. La spéculation immorale est aussi manifeste de la part du cessionnaire, qui profite de l'aveuglement ou des passions du cédant, que lorsqu'il s'agit d'une succession *ab intestat*. Il y a même un élément de plus, c'est la volonté présumée du donateur ; il n'a pu avoir en vue que de favoriser le mariage, et non pas d'ouvrir le champ à des spéculations peu flatteuses pour lui et basées sur l'éventualité de sa mort.

On a bien voulu argumenter de l'irrévocabilité du droit du donataire pour en faire un droit actuel : dès lors, tout en admettant qu'il ne portait que sur des biens à venir, on en concluait qu'il pouvait être vendu ou cédé. C'est là une singulière théorie et notre argument de l'article 791 suffit à la renverser. En effet le droit irrévocable qu'on classe pour le donataire dans ses biens présents est précisément le droit de succéder au donateur, dans les biens qu'il aura au jour de son décès.

Ajoutons que l'article 1395, relatif à l'immutabilité des conventions matrimoniales, donne une force nouvelle à notre système. L'irrévocabilité, assurée aux conventions matrimoniales, garantit également les donations intervenues dans le contrat de mariage, et sur la foi desquelles souvent le mariage a été contracté. Ce serait apporter un changement à ce contrat, que de transporter ailleurs le droit de succession qu'il a créé. Cette solution était déjà celle de l'ancien droit (1) et la jurisprudence est encore parfaitement formée dans ce sens (2).

Le même système toutefois ne serait pas applicable, si au lieu de véritables droits successifs non ouverts, il s'agissait simplement d'une créance soumise à la condition du prédécès du débiteur. « Car le créancier qui, lors de l'événement de la condition, fera valoir ses droits sur la succession, n'agira pas en qualité d'héritier, mais bien en qualité de créancier (3) » La condition qui frappe alors le droit du donataire ne change pas sa nature et n'empêche pas qu'il ne puisse en disposer d'une façon quelconque. Cette distinction est parfaitement établie en jurisprudence et dans notre hypothèse les arrêts intervenus sont précisément contraires à ceux qui règlent de véritables donations de biens à venir créant des droits successifs (4).

---

(1) Lebrun, *Des successions*, liv. III, ch. II.
(2) Cass. 11 janv. 1853 (Dev. 1853, I, p. 65).
(3) Troplong, *De la vente*, n° 250.
(4) Cass. 16 mai 1853 (Dev. 1853, I, p. 490).

L'impossibilité où se trouve le donataire de céder son droit conduit, comme nous l'avons dit, à lui refuser le droit de renoncer au bénéfice de la donation de biens à venir dans l'intérêt d'un tiers, ou de partager avec ce tiers les profits qu'il en attend. Ajoutons que cette impossibilité, établie par la jurisprudence, a une importance encore plus grande et une raison d'être plus juridique, lorsqu'il s'agit d'une renonciation que lorsqu'il s'agit d'une simple cession. Si un partage postérieur du bénéfice de la donation avec un tiers, par exemple avec un frère du donataire était permis, comme il l'était dans la coutume d'Auvergne, l'institution perdrait totalement son caractère d'irrévocabilité. Le donataire primitif, retenu par la crainte de mécontenter le donateur et d'amener par là des aliénations à titre onéreux qui annihileraient son droit, n'osera pas refuser ce partage qu'on lui demande : la stabilité des conventions matrimoniales n'existerait plus, et la cour de cassation, sur ces motifs, a reconnu que le donataire serait fondé à se prévaloir de la nullité de son engagement (1).

Le droit du donataire, pendant la vie du donateur, ne peut pas plus être saisi ou vendu par ses créanciers qu'il ne peut être cédé par lui-même. La cour de Paris s'est prononcée dans ce sens le 9 février 1875 (2). Dans l'hypothèse, sur laquelle est intervenu cet arrêt, le donateur avait consenti une hypothèque, comme garantie des droits du donataire, et la cour de Paris a décidé que l'hypothèque était nulle. Nous ne voyons pas, quant à nous, que son utilité soit très grande : elle

(1) Cass. 16 août 1841 (Dev. 1841, I, p. 984).
(2) Dev. 1875, II, p. 129.

ne garantit pas le donataire contre les aliénations
à titre onéreux; quant aux aliénations à titre gratuit,
le donataire est protégé par son action en revendication. D'autre part, nous admettrions très volontiers
avec la cour de Paris la nullité d'une pareille hypothèque, considérant que la garantie hypothécaire
n'est pas compatible avec la nature du droit créé par
la donation de biens à venir.

Cette question se présente surtout au point de vue
des donations de biens à venir, faites par le mari à sa
femme dans le contrat de mariage, et qui seraient garanties par l'hypothèque légale des art. 2121 et 2135
du code civil. La question a en effet ici plus d'importance pratique, car l'hypothèque conventionnelle consentie par le donateur au profit du donataire est un
fait rare. Mais toujours en nous rangeant à l'avis de la
cour de Paris, nous ne pourrions admettre pour
l'hypothèque légale une solution différente de celle
donnée pour l'hypothèque conventionnelle, et nous
croyons que l'hypothèque légale, qui existerait sans aucun doute s'il s'agissait d'une donation de biens présents, même subordonnée à la condition suspensive de
la survie de la donataire à son mari, n'existe pas au contraire au profit de la femme, lorsqu'il s'agit d'une véritable donation de biens à venir. Le caractère de
succession que revêt ce mode de disposer, nous semble
l'exclure absolument des dispositions de l'art. 2135, qui
d'une façon générale ne vise que des créances, que la
femme peut avoir contre le mari ou ses héritiers (1) (2).

(1) Aubry et Rau, § 264, note 33.
(2) Rouen, 20 décembre 1856 (Sir. 57, II, p. 361).

Disons toutefois que la question est encore vivement débattue.

La période d'expectative finit pour le donataire au jour du décès du donateur. A cet instant son droit se réalise : au lieu du seul titre qu'il avait, il a l'émolument auquel ce titre lui donnait droit.

Pour que la donation s'ouvre au jour du décès du donateur, il faut, comme nous l'avons vu, que le donataire lui survive, ou à défaut du donataire, les enfants nés du mariage en faveur duquel est intervenue la donation. Il n'y a pas d'ailleurs à distinguer, quant aux effets de la donation de biens à venir, qui la recueille, du donataire institué principal, ou de ses enfants, qui lui sont substitués : ils viennent au même titre, les uns à défaut de l'autre.

Dans le cas où les deux époux ont été institués conjointement, on peut se demander, au cas de prédécès d'un des deux, ce que deviendra sa part ! Accroîtra-t-elle à l'autre donataire ? M. Demolombe l'affirme, en étendant aux donations de biens à venir la disposition de l'art. 1044 relative aux legs (1). Nous préférons, quant à nous, n'admettre l'accroissement que lorsqu'il résultera de la volonté expresse du donateur. Nous remarquerons en effet avec M. Laurent (2), qu'en dehors de la volonté du donateur l'accroissement entre codonataires n'a aucun fondement légal. Les art. 1044 et 1045 n'ont été faits que pour les légataires, et lorsqu'il s'agit d'un droit aussi spécial il ne suffit pas d'une analogie pour l'établir.

Comme un héritier *ab intestat* au décès de son au-

(1) *Cours de code Napoléon*, t. VI, p. 362.
(2) *Principes de droit civil français*, t. XV, n° 229.

teur, le donataire de biens à venir a la double faculté
d'accepter ou de renoncer. On a pu dire il est vrai,
comme l'observe Merlin, « qu'on ne peut plus renoncer à une succession après l'avoir acceptée, *semel
hœres, semper hœres*, et l'institué a accepté en se
mariant la succession de l'instituant. Mais cette difficulté trouve une réponse péremptoire dans le principe
qu'on ne peut ni accepter ni répudier la succession
d'un homme vivant (art. 1130 C. C.). L'héritier contractuel n'a traité en se mariant que sur le droit de
succéder » (1). Le donataire n'a en effet accepté que
le droit de se porter héritier si cela lui convient et rien
de plus. Il a pris la place d'un héritier *ab intestat*, et
comme celui-ci il jouit de la faculté de renoncer.
C'était la doctrine coutumière (2) où l'on disait :
« L'institué n'a contracté que sur la faculté d'être héritier s'il le veut. »

Et aujourd'hui si au point de vue théorique ce
principe mérite une justification, il ne saurait être mis
en doute en présence des termes si formels de l'article 1086. Le donataire, est-il dit, dans cet article sera
tenu d'accomplir les conditions imposées par le donateur s'il n'aime mieux renoncer à la donation. Et, nous
l'avons dit, l'article 1086 s'applique encore bien plus
aux donations de biens à venir, qu'aux donations de
biens présents.

Il est toutefois un cas où les tribunaux pourraient
obliger le donataire à accepter la donation avec toutes
ses charges, au décès du donateur. Ce n'est pas une

(1) Merlin, *Répert.*, *Inst. contract.*, § 11, n° 5.
(2) Lebrun, *Des successions*, liv. III, ch. II, n° 39. — Boucheul,
Conventions de succéder, ch. xxx, n° 27.

règle écrite dans le Code, mais c'est un principe d'é-
quité, dont on trouve les racines dans l'ancien droit, et
qu'on peut déduire dans le droit moderne d'une juste
réciprocité dans les situations respectives du donateur
et du donataire. Cette hypothèse se présente lorsque
le donataire universel de biens à venir est le seul héritier *ab intestat* du donateur ; la donation est faite
sous certaines charges ; il trouve plus simple de la répudier afin de recueillir comme héritier *ab intestat*,
et sans les charges, les biens qu'elle comprenait : moyen
trop facile de méconnaître la volonté du disposant.
« Je n'estime pas qu'en ce cas, disait Lebrun, il soit
permis à l'héritier institué de déclarer qu'il accepte
la succession non en vertu de l'institution, mais par
droit du sang et *ab intestat*, parce qu'il y aurait du dol
dans la conduite de cet héritier, d'avoir lié les mains
au donateur par l'acceptation de son institution contractuelle, qui l'empêcherait de disposer par testament,
et de s'aviser après cela de renoncer à l'institution
même et de vouloir venir *ab intestat*, afin de se dispenser de la condition, ce qui est précisément contre
l'édit : *Si quis omissa causa testamenti....* (1). » Le
disposant s'est lié vis-à-vis du donataire, l'économie de
la loi n'autorise pas à admettre que celui-ci puisse si
facilement mettre à néant les dispositions qu'a voulu
assurer le donateur.

Supposons que le donataire accepte la succession
qui lui est dévolue en vertu de la donation de biens à
venir, il ne pourra pas diviser son acceptation : accepter
pour une partie et répudier pour une autre. Il ne

---

(1) Lebrun, *Des successions*, liv. III, ch. ii, nº 40.

pourrait pas davantage accepter en ce qui concerne
les biens, qui existaient au moment du contrat, en
payant les dettes également existantes, et renoncer relativement aux biens acquis depuis, pour se soustraire
au paiement des dettes contractées également depuis
la donation. Cette question agitée déjà dans l'ancien
droit était résolue négativement (1). Et l'affirmative
serait aujourd'hui bien difficile à soutenir, car cette
liberté de s'en tenir aux biens existant au moment de
la donation est formellement établie sous des conditions spéciales par l'article 1084 de Code civil. C'est
la donation cumulative de biens présents et à venir :
lle a ses règles spéciales et ses effets particuliers,
qu'on ne saurait en aucune manière transporter à la
simple donation de biens à venir.

Le donataire est-il saisi de plein droit, par le décès
du donateur, de tous les biens compris dans la donation? Grave question! L'affirmative n'était pas douteuse dans l'ancien droit. « Le principal effet de l'institution par rapport à l'institué, dit Auroux des Pommiers, est de faire un véritable héritier, qui est saisi de
plein droit des biens du défunt comme les héritiers en
sont saisis (2).» Boucheul dit encore : « Telles dispositions saisissent les mariés et leurs descendants, le
cas arrivant, c'est-à-dire que l'institué, après le décès
de l'instituant, n'est pas obligé de demander la délivrance des biens compris dans son institution, mais en

(1) Ceci résulte notamment d'un arrêt du parlement de Toulouse
du 20 juin 1749. — V. aussi Lebrun, *Des successions*, liv. III, c .II.
— Furgole, *art. 13 et 19 de l'Ordonnance de 1731.*

(2) Auroux des Pommiers, *Sur la Coutume du Bourbonnais*,
art. 223, n° 1.

peut prendre la possession comme saisi de droit (1). »
Pothier soutient la même théorie, dans son introduction
au titre XVII de la Coutume d'Orléans, et les Coutumes
de la Marche (art. 294), de l'Auvergne (titre XIV,
art. 17), du Nivernais (chap. xxvii, art. 12), et du
Berry (chap. vii, art. 6 et 7) établissent la même règle
par des dispositions formelles.

Les textes du Code sont malheureusement moins
précis. Ils ne contiennent que deux textes formels
établissant la saisine : l'article 724 au titre des Successions, pour les héritiers légitimes, et l'article 1006, qui
saisit de plein droit le légataire universel des biens du
testateur, lorsque celui-ci ne laisse pas d'héritiers à réserve. Pour notre matière spéciale les textes sont muets,
et il nous faut décider par le seul raisonnement.

Si la donation de biens à venir créait réellement un
héritier par contrat, comme faisait dans l'ancien droit
l'institution contractuelle, on serait disposé à lui étendre le principe de la saisine de l'article 724. On peut
en effet, en général, s'en rapporter à la tradition de
l'ancien droit, tant que celui-ci n'a pas été abrogé par
des dispositions réglant à nouveau la matière. Dans
cette opinion, nous dirions qu'en toute hypothèse le
donataire est saisi des biens compris dans la donation,
par le décès du donateur. C'est en effet ce qui a été
soutenu par ceux qui prétendent que les législateurs ont entendu maintenir absolument l'institution contractuelle (2). M. Bonnet soutient également-
ment le système de la saisine dans toutes les hypothèses de la donation de biens à venir, mais en se

(1) Boucheul, *Des conventions de succéder*, ch. XXIX, nos 1 et 2.
2) Merlin, *Repertoire*, v° *Inst. contract.*, § 10, n° 2 et § 11, n° 2.

plaçant à un autre point de vue ; car, dit-il, « Si l'institution contractuelle produisait un héritier, la donation
de l'article 1082 ne saurait produire qu'un donataire (1). » Pour lui la saisine résulte du contrat : le
consentement ayant pour effet, aux termes des articles
938, 1138 et 1583, de transférer la propriété sans
qu'il soit besoin du secours d'aucune tradition ; le
donataire se trouve investi par la seule vertu de la
convention. C'est le vif qui, a priori, au moment de la
formation de la convention, lui a donné l'investissement : cet investissement, ce droit né du contrat, était
seulement soumis à une condition. Au décès du donateur, le contrat se trouve affranchi de cette condition
et la disposition se trouve consolidée en sa faveur. La
saisine lui vient donc de son contrat.

Ce système est évidemment très juste, lorsqu'il
s'agit d'une simple obligation conditionnelle, soumise
à cette condition précisément du décès du donateur,
mais elle est peut-être discutable lorsqu'il s'agit d'une
véritable donation de biens à venir. Nous avons déjà
fait cette distinction, à propos des droits du donataire
sur les biens compris dans la donation de biens à venir
pendant la vie du disposant, et la jurisprudence l'a
sanctionnée par un grand nombre d'arrêts (2). M. Bonnet l'admet lui-même, lorsqu'il s'agit d'apprécier la
valeur des actes de disposition consentis par le donataire sur les biens donnés, du vivant du donateur : il
n'a pas vu qu'en faisant découler la saisine de la convention des parties, il réduisait la donation de biens à

(1) Bonnet, *Dispositions par contrat de mariage*, n° 460.
(2) Cass. 16 juillet 1849 (Dev. 1849. I, p. 404) ; Cass. 16 mai 1853
(Dev. 1853. I, p. 490.)

venir à une simple donation conditionnelle. Dès lors,
en lui appliquant la règle de la rétroactivité de la
condition accomplie, on en arrive à valider tous les
actes de disposition faits par le donataire avant l'ouverture de son droit, conséquence énergiquement
repoussée par M. Bonnet, et qui n'est guère soutena-
ble en effet.

Quant à nous, quelle que soit notre tendance à trouver, dans la donation de biens à venir actuelle, une
disposition bien voisine de l'institution contractuelle
de l'ancien droit, nous n'osons pas aller jusqu'à dire
qu'elle crée un héritier, comme faisait l'institution
contractuelle. Aucune expression aussi formelle n'est
employée par le code. Une seule fois le mot de « succession » se rencontre dans le texte, et tel qu'il est
employé, il peut aussi bien se rapporter à une succession testamentaire qu'à une succession ab intestat.
Dès lors, comme l'article 724 ne s'applique qu'aux
héritiers légitimes et que le donataire n'est pas considéré comme tel, même fictivement, par la loi nouvelle,
nous ne pouvons lui reconnaître le bénéfice de la
saisine, comme résultant de l'article 724 (1).

Reste l'article 1006 : nous l'appliquerons au donataire et, dans le cas où il n'est pas en concours avec des
héritiers réservataires, nous lui accorderons la saisine.
On a dit, il est vrai, que cet article apportait une dérogation au droit commun des successions fixé par
l'article 724, et qu'il devait dès lors être restreint à la
matière des legs, qu'il règle spécialement ? Il est bien
douteux que ce soit là le sens vrai de la loi. Le dona-

(1) Demolombe, t. VI, p. 370.

taire, dont le titre est contractuel, est plus favorable que le légataire : de plus il a encore pour lui la tradition de l'ancien droit; nous n'hésitons pas, quant à nous, à lui accorder le bénéfice de la saisine, mais c'est le seul cas, dans notre opinion, où le donataire de biens à venir soit réellement saisi. Les donataires universels venant en concours avec des héritiers réservataires, les donataires à titre universel ou à titre particulier n'ont pas la saisine légale (1).

Le droit du donataire au décès du donateur s'étend à tous les objets compris dans la donation, sous la déduction des dettes : *non sunt bona, nisi deducto ære alieno.* Nous verrons tout à l'heure comment il est tenu au paiement de ces dettes. Mais il n'aura aucun legs à payer, sauf ceux pour sommes modiques permis par l'article 1083 : le donataire n'a pas à tenir compte des dispositions à titre gratuit qu'aurait faites le donateur. Il revendiquera les biens donnés aux mains des tiers acquéreurs. Toutefois s'il s'agit de meubles, la règle de l'article 2279 paralysera sa revendication. On peut lui accorder, il est vrai, un recours contre la succession, pour l'indemniser du tort que lui a causé la tradition à autrui de la chose mobilière comprise dans sa donation : mais là se bornera son droit.

Quant aux immeubles, la prescription pourra aussi couvrir les tiers détenteurs. Elle ne court que du jour du décès du donateur, car jusque-là le donataire ne pouvait pas agir. La prescription sera de dix ou vingt ans pour les possesseurs de bonne foi, de trente ans pour les possesseurs de mauvaise foi. La preuve de la

---

(1) *Contrà:* Colmet de Santerre, t. IV, n° 256.

mauvaise foi, c'est-à-dire de la connaissance qu'aurait eue le tiers de la donation de biens à venir déjà consentie, est d'ailleurs à la charge du donataire, qui fait la revendication.

On admet généralement pour cette action en restitution les mêmes règles que pour l'action en réduction à la quotité disponible, établie par les articles 929 et 930 du code civil. Nous en conclurons avec MM. Aubry et Rau qu'elle peut être exercée en matière immobilière, non seulement contre les donataires, mais même contre les tiers détenteurs. Elle fera évanouir les hypothèques et les servitudes créées soit par les donataires soit par les tiers détenteurs (1).

Le droit du donataire est ouvert par le décès du donateur. Mais s'il n'est pas donataire universel ne venant en concours avec aucun héritier réservataire, il faut qu'il fasse régler ce droit vis-à-vis des autres intéressés à la succession du donateur, soit héritiers *ab intestat,* soit donataires de biens à venir.

Ce règlement s'obtient par l'action en partage s'il est donataire d'une universalité, par une revendication de l'objet donné, si cet objet a été désigné suffisamment, ou par une demande en paiement, si la donation de biens à venir était d'une somme d'argent à prendre sur la succession. L'action en partage est dirigée contre les héritiers du sang ou contre les autres donataires, si les donations de biens à venir comprennent toute la succession. Les actions en délivrance sont dirigées contre les représentants du *de cujus,* qui sont grevés de l'obligation de délivrer l'objet donné. Ces

(1) Aubry et Rau, t. VIII, p. 83.

différentes actions s'exercent aussi bien contre les successeurs irréguliers que contre les héritiers légitimes. Et dans le cas où personne ne se présenterait pour recueillir la succession du donateur, le donataire devrait provoquer la nomination d'un curateur à la succession vacante, contre lequel serait ensuite dirigée son action.

Dans le cas où il y a lieu à partage, ce qui se présente lorsque la donation est à titre universel, ou universelle avec concours d'héritiers réservataires, le partage produit les effets indiqués au titre des Successions. Nous raisonnons par analogie : et comme il est établi à l'article 883, le donataire sera censé avoir succédé seul et immédiatement à tous les effets compris dans son lot : sa part lui arrive franche et quitte de toutes charges et hypothèques du chef de ses copartageants, et lui-même est censé n'avoir jamais eu de droits sur les biens attribués à ceux-ci. Les copartageants sont garants entre eux, dans les termes des articles 884 et 885 du code civil.

Le donataire d'un objet particulier n'a pas l'action en partage, mais il a une action personnelle contre la succession ou contre celui des héritiers ou successeurs du donateur qui aurait été désigné spécialement pour acquitter la donation. Si l'objet a été désigné nominativement, le donataire a même l'action en revendication contre les tiers, dont nous avons déjà vu la portée.

Lorsque l'action personnelle du donataire est dirigée contre la succession, chaque héritier ou successeur à titre universel en est tenu au prorata de sa part et portion dans la succession : c'est ce qu'établit l'article 1017 pour les legs. Le même article établit au profit du légataire une action hypothécaire pour le tout contre chaque héritier, jusqu'à concurrence de la valeur des immeubles de la succession dont il est détenteur. Cette action hypothécaire est une anomalie dans le droit et ne s'explique guère que par une application fautive du droit romain : nous n'avons pas à respecter la tradition romaine, quand il s'agit de la donation de biens à venir, surtout lorsque l'application qu'en ont faite les législateurs est erronée, et nous n'étendrons pas au donataire de biens à venir l'action hypothécaire du légataire.

Les héritiers *ab intestat* sont-ils tenus même *ultra vires* de l'acquittement des donations de biens à venir? S'ils sont réservataires, la question n'est pas douteuse : la réserve doit leur revenir franche et quitte de toute libéralité excédant la quotité disponible (art. 962, C.C.). S'ils ne sont pas réservataires, la question est plus grave. Elle est très vivement débattue quand il s'agit pour l'héritier d'acquitter les legs et disposition testamentaires du *de cujus*. Si on admet avec de très bons esprits que l'héritier est tenu, même *ultra vires*, de l'acquittement des legs, système qui se fonde sur les articles 724, 783 et 2092 du code civil, à bien plus forte raison l'admettra-t-on lorsqu'il s'agira pour l'héritier d'acquitter des donations de biens à venir. On peut dire en effet que le donateur de biens à venir s'est engagé personnellement dans le contrat de mariage du donataire : pour les legs au contraire l'obligation n'existait pas de la part du testateur, elle est née seulement pour la succession : l'héritier, qui n'est pas tenu à l'acquittement des legs, en tant que continuateur de la personne du défunt, succède au contraire à son obligation d'acquitter la donation de biens à venir précisément en cette qualité. Avouons toutefois que cette distinction nous touche peu : sans entrer plus avant dans la discussion en ce qui concerne l'obligation de l'héritier à l'acquittement des legs, le même principe général qu'on ne saurait être libéral avec le bien d'autrui, et les mêmes arguments de texte qu'on invoque pour soutenir que l'héritier n'est pas tenu des legs *ultra vires*, nous paraissent militer aussi bien en faveur de l'héritier lorsqu'il s'agit de donations de biens à venir que lorsqu'il s'agit de legs.

C'est encore aux règles tracées pour les legs que nous devrons nous reporter, lorsqu'il s'agira de déterminer l'étendue d'une donation de corps certain. L'objet doit être délivré par l'héritier ou successeur général avec ses accessoires, nous dit l'article 1018, et dans l'état où il se trouve au jour du décès du donateur. Autrement dit, le donataire profite et souffre de tous les changements survenus à l'objet donné pendant la vie du donateur : sauf toutefois les amoindrissements que pourraient causer à la donation des libéralités nouvelles, faites par le disposant et contre lesquelles le donataire est garanti par l'irrévocabilité de son titre. Sous le couvert de cette réserve, en ce qui concerne toutes les dispositions à titre gratuit faites par le donateur, nous appliquerons aux donations de biens à venir les articles 1019, 1020 et 1022, relatifs aux legs.

Les fruits de la chose donnée appartiennent au donataire du jour du décès du donateur. C'est une application de l'article 547 du code civil qui attribue les fruits au propriétaire (1). Toutefois si la donation portait sur des quantités indéterminées, les fruits n'en seraient dus au donataire que du jour de la spécification de l'objet, sur lequel porte la donation. Quant à la perception des fruits, on appliquera les règles des articles 575, en ce qui concerne les fruits naturels, et 576 pour les fruits civils.

Si le donataire se trouvait, au décès du donateur, débiteur d'une somme égale au montant de la libéralité, la confusion s'opérerait *de plano*, tant à l'égard des intérêts qu'à l'égard du capital.

Nous venons de parcourir les différents droits auxquels la donation de biens à venir peut donner naissance de la part des héritiers *ab intestat* au profit des donataires : il nous reste à examiner les obligations des donataires de biens à venir, vis-à-vis les créanciers du donateur. Nous avons vu en effet que les donataires ne recueillaient les biens compris dans la donation que sous la déduction des dettes : mais de quelle manière et dans quels cas sont-ils tenus du paiement de ces dettes.

On peut appliquer ici les règles admises pour le paiement des dettes du *de cujus* par les légataires : il n'existe pas en effet de motifs juridiques qui empêchent de le faire. Le donataire à titre particulier, comme il est dit pour le légataire particulier à l'article 1024, n'est pas tenu des dettes de la succession, sauf par l'action hypothécaire, et alors il a un recours contre les héritiers du donateur. Le donataire uni-

(1) Laurent, *Principes de droit civil français*, t. XV, n° 238.

versel ou à titre universel au contraire devra contri-
buer au paiement des dettes, dans la proportion de la
part qu'il aura recueillie dans la succession. Il succède
en effet au *de cujus* pour une part quelconque : cette
part se compose de l'actif et du passif réunis, il ne
saurait profiter de l'un sans subir l'autre. Hypothé-
cairement il peut être tenu pour le tout, comme d'ailleurs le donataire à titre particulier, mais il aura un
recours contre ses cohéritiers.

En cas de concours de donataires universels ou à
titre universel et d'héritiers *ab intestat,* on peut se
demander si les créanciers du défunt doivent diviser
leur action entre les héritiers et les donataires, ou s'ils
peuvent n'attaquer que les héritiers, sauf le recours
de ceux-ci contre les donataires? Pour cette seconde
opinion on invoque la généralité des termes de l'article 724 et aussi l'article 873 du code civil. Nous préférons la permière, considérant que l'argument qu'on
tire de l'article 873 est très douteux et que les articles
870 et 871 du code civil placent les héritiers et les
légataires sur la même ligne quand il s'agit du paiement
des dettes. Quand il s'agit du donataire de biens à
venir, nous avons de plus pour nous la tradition de
l'ancien droit, qui en faisait un véritable héritier contractuel.

Le donataire universel, ou à titre universel, est-il
tenu des dettes seulement dans la limite de ce qu'il
recueille, ou peut-il être tenu même *ultra vires?* Grave
question, agitée déjà dans l'ancien droit pour l'institué
contractuel. On admettait cependant généralement
qu'il était tenu des dettes *ultra vires,* lorsqu'il n'avait
pas eu la précaution d'accepter sous bénéfice d'inven-

taire (1). Il est vrai que les légataires universels n'étaient considérés que comme des successeurs aux biens, et n'étaient par là même tenus que dans la limite de leur émolument, mais l'institué contractuel était considéré comme continuant la personne du défunt, aussi bien que l'héritier du sang, tant au point de vue passif qu'au point de vue actif.

Nous admettrons aujourd'hui la même solution pour le donataire de biens à venir, soit universel, soit à titre universel. Pourquoi ne pas suivre en effet, pour les donations de biens à venir, les règles tracées dans l'ancien droit pour l'institution contractuelle, au moins en tant que les textes n'y contredisent pas ? Bien plus, l'esprit du code a été d'effacer toutes les différences rigoureuses de l'ancien droit, qui séparaient les différentes classes de successeurs. « L'institution d'héritier vaut autant que le legs et le legs autant que l'institution d'héritier, » dit le tribun Jaubert (2). Nous sommes fondés à en conclure que la solution admise pour les légataires universels ou à titre universel devra être la même pour les donataires au même titre de biens à venir. D'autre part l'assimilation faite par les articles 873, 1009 et 1012 du Code civil, entre les héritiers légitimes et les légataires universels ou à titre universel, nous conduit à dire que ces derniers sont tenus comme les héritiers de leur part et portion des dettes et charges de la succession, indéfiniment, même *ultra vires emolumenti*. Ce point de vue est

---

(1) Laurière, *Des Inst. contr.*, c. IV, n° 127. — Auroux des Pommiers, *Sur la Coutume du Bourbonnais*, art. 223, n° 5. — Pothier, *Introduction au titre XVII de la Coutume d'Orléans*, n° 23.

(2) Fenet, t. XII, p. 607.

celui de la jurisprudence nettement établi par un
arrêt de la cour de cassation du 13 août 1851 (1). Le
remède au danger de cette situation est l'acceptation
bénéficiaire, dont la pratique avait de tout temps
d'ailleurs fait usage. Elle produira pour les donataires
de biens à venir les mêmes effets que pour les héritiers (2).

Si le donataire vient comme héritier à la succession
du donateur qui l'a gratifié, il sera soumis à l'obligation du rapport, à moins que la libéralité ne lui ait été
faite par préciput (art. 843 C. C.) Le rapport s'effec-
tuera non pas comme pour les donations ordinaires, où
il peut se faire tantôt en nature tantôt en moins pre-
nant, mais bien comme pour les legs où il a toujours
lieu en nature : le légataire qui rapporte se conten-
tant de ne pas réclamer l'objet du legs. Toutefois, la
jurisprudence admet que le legs d'un objet donne au
légataire un droit de préférence sur cet objet, à condition qu'il existe des valeurs égales dans la succession : nous reconnaîtrions le même effet à une donation de biens à venir.

Les donations de biens à venir sont soumises à
un droit fixe d'enregistrement. Ce droit est perçu au
moment de la donation. Fixé d'abord à trois francs
par la loi du 22 frimaire an VII (art. 68, § 3, 5°), il
fut ensuite élevé à cinq francs par la loi du 28 avril
1816 (art. 45, 4°), et enfin à sept francs cinquante
centimes par la loi du 28 février 1872 (3). Ceci résulte
de l'art. 4 de cette loi, qui élève de moitié les droits fixes

(1) Dalloz, 1851. I. 281.
(2) *Contrà* : Laurent, *Principes de droit civil*, t. XV, n° 241.
(3) G. Demante, *Principes de l'enregistrement* t. II, n° 60

d'enregistrement, auxquels sont assujettis les actes civils, autres que ceux énumérés à l'art. 1ᵉʳ : or dans l'énumération de cet art. 1ᵉʳ ne figurent nullement les dispositions par contrat de mariage énoncées à l'art. 45, 4° de la loi du 28 avril 1816. Les contrats de mariage, il est vrai, sont frappés du droit gradué par les art. 1 et 2 combinés de la loi du 28 février 1872 : mais, ainsi que l'observe M. G. Demante (1), cette disposition n'atteint que les apports personnels et constitutions de dot des époux, sans aucune stipulation avantageuse entre eux et sans aucune donation des tiers à leurs égards.

« Les donations que les futurs époux se font l'un à l'autre ou qu'ils reçoivent d'autres personnes demeurent soumises au droit proportionnel (2). » En dehors du droit fixe d'enregistrement les donations de biens à venir sont en effet soumises au droit proportionnel de mutation : ce droit est exigible au décès du donateur, car c'est à cet instant que la transmission, d'incertaine et éventuelle qu'elle était, est devenue certaine et actuelle. On peut se demander dès lors si ce nouveau droit est celui des donations entre-vifs, ou celui des mutations par décès. La question n'est pas tranchée législativement, et, en dehors de la différence de quotités, la disposition finale de l'article 53 de la loi du 28 avril 1816 lui donne un grand intérêt. Le droit sur les donations entre-vifs faites par contrat de mariage est en effet réduit de moitié, et rien de semblable n'a lieu pour les mutations par décès. La jurisprudence n'a pas

(1) *Principes de l'enregistrement*, 2ᵉ supplément. L. du 28 février 1872, p. 14, n° 161.
(2) Demante, *loc. cit.*

hésité à exiger pour les donations de biens à venir les droits de mutations par décès : ses décisions sont constantes et s'appuient sur ce fait, que c'est l'événement auquel la donation de biens à venir était subordonnée, c'est-à-dire le prédécès du donateur, qui lui donne l'existence sans effet rétroactif. Ceci est nettement établi par les considérants d'un arrêt de cassation du 24 nivôse an XIII (1). Remarquons en outre que cette jurisprudence n'entend nullement trancher par là, la question doctrinale de la nature réelle des donations de biens à venir : ses réserves sont formelles sur ce point : «Attendu que le législateur, pour asseoir la perception de l'impôt, n'a pas pris pour base le caractère que le droit civil imprime aux divers actes de libéralité et les définitions qu'il en donne.... » (Cass. 7 juill. 1840) (2).

Le droit fixe d'enregistrement et le droit proportionnel de mutation seront supportés par le donataire : c'est ce qu'établit l'article 1016 du Code civil pour le légataire.

(1) Dalloz, *Repert*, v° *Enregistrement*, n° 3868.
(2) Dalloz, *Loc. cit.*

POSITIONS

DROIT ROMAIN

I. La donation *propter nuptias* a une origine toute romaine.

II. La donation *propter nuptias* n'est pas seulement une garantie de la dot, ou un gain de survie, elle est une dot constituée par le mari à la femme.

III. Dans le droit de Justinien, la dot moiblière est inaliénable comme la dot immobilière.

IV. Dans toute donation, il faut à la fois le consentement du donateur et du donataire.

V. Dans le droit de Justinien, la seule inexécution des charges par le donataire n'est pas assimilée à un fait d'ingratitude, à moins que cette inexécution ne provienne d'une intention coupable.

VI. La donation révocable seulement par le prédécès du donataire, est une donation *mortis causa*, même à l'époque classique.

VII. La donation *mortis causa* sous condition est un moyen particulier d'acquérir, « *aliud genus acquisitionis* ». (Inst. L. ii. t. vii, pr.)

VIII. La *conventio in manum* exclut la possibilité d'une

13

dot, en ce sens qu'il ne saurait y avoir alors d'obligation de restitution du mari à la femme.

DROIT CIVIL.

I. La donation de biens à venir immobilière est soumise à la transcription.

II. La femme mariée sous le régime dotal ne peut pas, par donation de biens à venir, disposer d'un immeuble dotal, si ce n'est au profit de ses enfants.

III. L'héritier, qui accepte purement et simplement une succession, n'est tenu du paiement des legs et donations de biens à venir que *intra vires successionis*.

IV. Le légataire ou donataire de biens à venir, universel ou à titre universel, est tenu des dettes, même *ultra vires successionis*, à moins qu'il n'accepte sous bénéfice d'inventaire.

V. L'article 504 du Code civil ne s'applique pas aux donations et aux testaments.

VI. La donation de biens à venir des tiers aux futurs époux ne peut être valablement faite que par le contrat de mariage.

VII. L'action en nullité d'une donation de bien, à venir, fondée sur l'incapacité du donateur, se prescrit par dix ans.

VIII. L'article 9 de la loi du 23 mars 1855 s'applique à l'acquéreur en faveur duquel la femme a renoncé à son hypothèque légale sur l'immeuble vendu.

IX. La femme elle-même peut opposer la nullité d'une renonciation à son hypothèque légale faite par acte sous seing privé.

X. Un droit de passage, résultant de l'article 682 du Code civil, exercé pendant trente ans sur un fonds voisin, suivant un mode et une assiette déterminés, persiste, même après la cessation de l'enclave.

PROCÉDURE CIVILE.

Les articles 806 et suivants du Code de procédure civile, relatifs aux référés, s'appliquent exclusivement aux matières qui rentrent dans la compétence des tribunaux civils d'arrondissement.

DROIT COMMERCIAL.

I. L'article 433 du code de commerce, qui déclare prescrites un an après le voyage fini toutes actions en paiement pour fret du navire, s'applique même aux actions relatives à des créances accessoires du fret.

II. Les intermédiaires, dits coulissiers, n'ont pas d'action en justice pour le remboursement des avances faites à leurs clients, à raison d'opérations de bourse pratiquées sans le ministère d'un agent de change.

DROIT ADMINISTRATIF.

I. Dans le cas où un partage doit être soumis à l'homologation du tribunal, c'est sur le jugement homologatif que le droit doit être perçu, et non sur l'acte notarié de partage.

II. Le jugement prononçant la rescision d'une vente d'immeuble pour cause de lésion, n'est pas soumis au droit proportionnel de mutation.

DROIT CRIMINEL.

I. L'action publique pour crime commis par un mineur de seize ans, dans le cas où la connaissance en est déférée à la juridiction correctionnelle, est soumise à la prescription de trois ans.

II. Le tribunal correctionnel, dessaisi de l'action publique par une amnistie, survenue aux cours de l'instance, n'est plus compétent sur l'action civile.

DROIT INTERNATIONAL.

Le contrat passé à l'étranger, entre personnes de nationalités différentes, est régi pour son mode de preuves, aussi bien que pour sa forme, par la loi du pays où il est passé.

HISTOIRE DU DROIT

I. L'institution contractuelle n'est pas née en France du droit romain ; on en trouve la première trace dans la loi salique.

II. L'institution contractuelle n'était pas dans l'ancien droit un privilège de noblesse.

Vu par le président de la Thèse,
A. DUVERGER.

Vu par le doyen,
CH. BEUDANT.

Vu et permis d'imprimer :
Le Vice-recteur de l'Académie de Paris,
GRÉARD.

TABLE

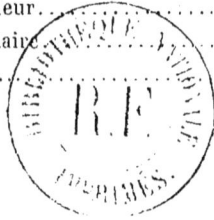

3048-81. — Corbeil. Imprimerie Crété.

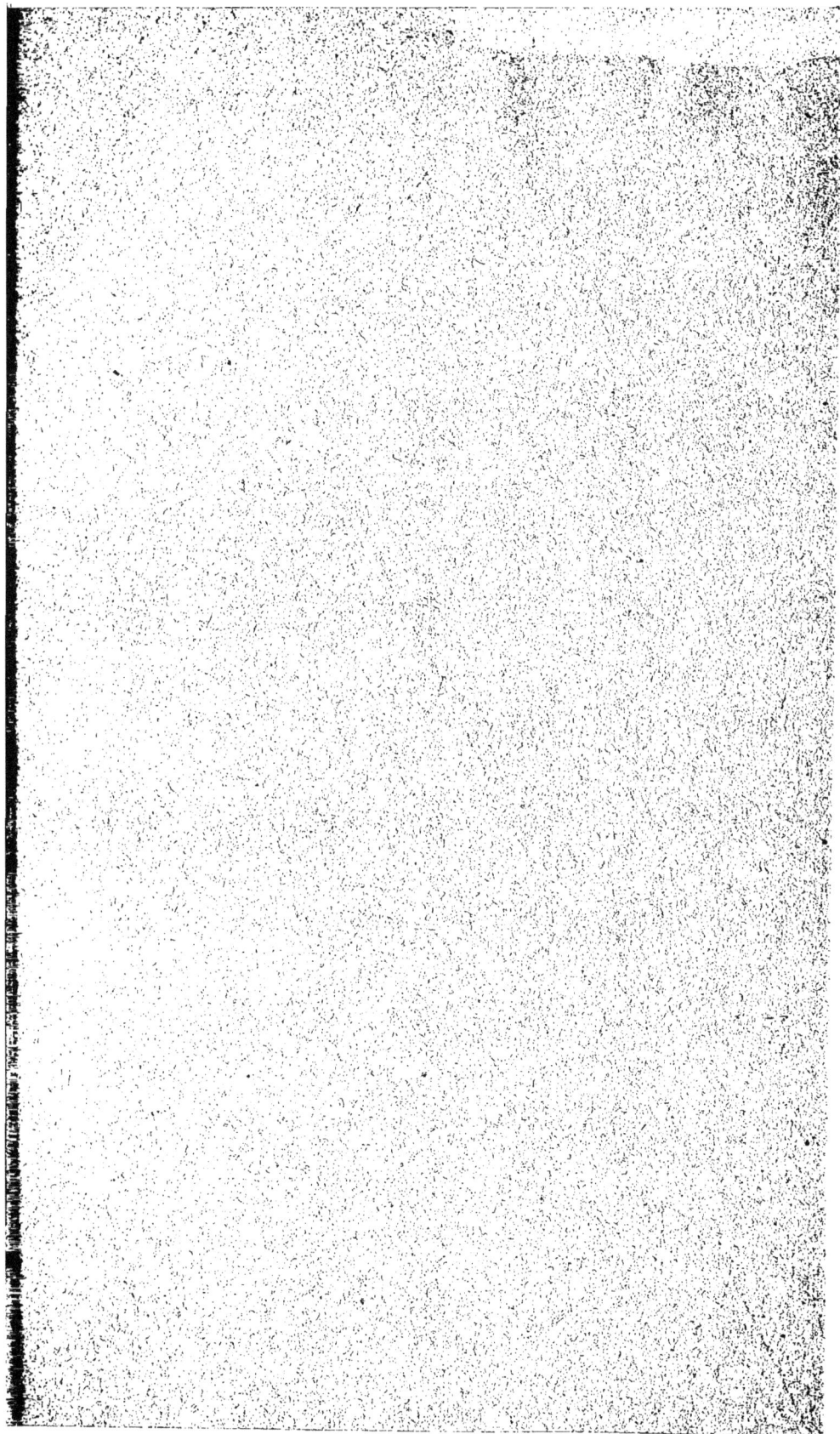

www.ingramcontent.com/pod-product-compliance
Lightning Source LLC
Chambersburg PA
CBHW060540210326
41519CB00014B/3282